Pollos Sedosos como mascotas.

Datos sobre los Gallos Sedosos, crianza, reproducción, cuidado, alimento y donde comprar, todo cubierto.

Incluyendo pollos sedosos negros, blancos, chinos y barbados.

Por

Elliott Lang

Traducido del Inglés al Español por Lucy Rudford.

Publicado por IMB Publishing 2013

Derechos de Autor y Marcas registradas. Esta publicación está protegida por Derechos de autor 2013 por IMB Publishing. Todos los productos, publicaciones, software y servicios mencionados y recomendados en esta publicación están protegidos por marcas registradas. En tal caso, todas las marcas registradas y derechos de autor pertenecen a los respectivos propietarios.

Todos los derechos reservados. Ninguna parte de este libro puede reproducirse o transferirse en ninguna forma ni por ningún medio, gráfico, electrónico o mecánico, incluyendo fotocopiado, grabación, o por cualquier sistema, sin el permiso por escrito del autor. Las fotografías utilizadas en este libro o son fotos libres de derechos compradas en sitios web de fotografías de archivo o se mencionó el origen debajo de la fotografía.

Descargo de Responsabilidad y Aviso Legal. Este producto no es un consejo legal o médico, ni debe interpretarse como tal. Usted debe hacer sus propias diligencias para determinar si el contenido de este producto es adecuado para usted. El autor y los afiliados de este producto no son responsables de ningún daño o pérdida asociada con el contenido de este producto. Si bien se ha hecho todo lo posible para verificar la información compartida en esta publicación, ni el autor ni los afiliados asumen ninguna responsabilidad por errores, omisiones o interpretación contraria del tema del presente documento. Cualquier presunta ofensa a cualquier persona(s) específica(s) es puramente accidental.

No tenemos ningún control sobre la naturaleza, contenido y disponibilidad de los sitios web listados en este libro. La inclusión de cualquier enlace a un sitio web no necesariamente implica una recomendación o que se respaldan las opiniones expresadas en ellos. IMB Publishing no se responsabiliza de, y no será responsable por, los sitios web que no estén disponibles temporalmente o sean eliminados de Internet. La exactitud e integridad de la información proporcionada en este documento y las opiniones expresadas aquí no garantizan que se producirá algún resultado en particular, además es probable que los consejos y estrategias, contenidas en este documento, no sean adecuados para todas las personas. El autor no será responsable de ninguna pérdida que ocurra como consecuencia del uso y aplicación, directa o indirectamente, de cualquier información presentada en este trabajo. Esta publicación está diseñada para proporcionar información relacionada con el tema cubierto.

Índice

Índice 3

Prólogo 7

Capítulo 1: Introducción a los Pollos Sedosos 10

    1. Historia de los Pollos Sedosos 11

    2. Características Generales de los Pollos Sedosos 12

    3. Mejoras en la Raza y Popularidad en las Exhibiciones 13

    4. Producción de Huevos y Uso como Carne 14

    5. Tipos de Pollos Sedosos 18

Capítulo 2: Cómo tener Pollos Sedosos en el Patio Trasero 19

    1. Consideraciones Legales 19

    2. Construcción de Gallineros 20

    3. Mantener Tus Pollos Confinados en un Gallinero 26

    4. Aves en Libertad Que Posan de Noche 27

    5. La Solución Intermedia de Libertad Limitada 27

    6. ¿Los Pollos Manejan "Tractores"? 28

    7. Tener Pollos en la Casa 29

    8. Tomar Precauciones Contra los Depredadores 30

Capítulo 3: Tu Pollo Sedoso como Parte de la Familia 32

    1. Pollos sedosos y Otros Pollos en Entornos Al Aire Libre 33

Índice

2. Pollos Sedosos y Otras Mascotas 33

3. Tener Pollos "Caseros" 34

Capítulo 4: Comprar Pollos Sedosos o Huevos Fertilizados 41

1. ¿Cuántos Pollos Puedes Tener? 41

2. Huevos Fertilizados, Polluelos, o Aves Adultas 42

3. Comprar Pollitos Sedosos En Línea 43

4. Cómo Saber si los Polluelos Están Sanos 45

5. Precauciones Con Los Polluelos de Criadero 45

1. Alimento y Agua, Disponibilidad y Recipientes 47

2. Tipos de Alimentos para Tus Pollos 48

3. Limpieza del Habitáculo 51

4. Cuidado Estacional 52

5. Monitoreo de la Salud de tus Pollos 52

6. Mantenimiento y Aseo 54

7. Cómo Manejar El Estrés en el Entorno 57

8. Costos Mensuales Aproximados 58

Capítulo 6: Información General de la Salud del Pollo Sedoso 60

1. Señales de Advertencia de Enfermedad 60

2. Coccidiosis 61

3. Ácaros y Piojos 62

4. Ácaro de las Patas Escamosas 63

Índice

    5. Enfermedad de Marek 64

    6. Hidrocefalia 65

    7. Micoplasma 66

    8. Toma de Precauciones Contra la Infección por Salmonela de Pollos Vivos 66

    9. Encontrar Veterinarios de Aves de Corral 67

Capítulo 7: Crianza y Reproducción de Pollos sedosos 69

    2. Elección de la Incubadora 69

    3. Incubación y Eclosión 71

    4. Empollado de los Polluelos Recién Eclosionados 72

    6. Determinación de la Calidad de las Aves 79

    7. Defectos de Nacimiento Comunes en los Pollos Sedosos 79

Capítulo 8: Pollos Sedosos de Exhibición 82

    1. Antes de la Exhibición 82

    2. Arte Escénico y Pollos Sedosos 84

    3. Idoneidad de los Pollos Sedosos para una Exhibición 86

Epílogo 87

Lista de Sitios Web Relevantes 89

Preguntas Frecuentes y Datos de los Pollos Sedosos 92

Apéndice II: Estándar de Exhibición en el Reino Unido 103

Glosario 108

Índice

Obras Citadas... 114

Prólogo

Existen muchas razones convencionales para tener pollos, la más práctica sería el deseo de recolectar huevos o para ayudarte a controlar las plagas en tu jardín. Sin embargo, te olvidarás de la practicidad una vez que te des cuenta de lo adorables que son estas aves.

Después de que pases un momento observando a las crías haciendo cabriolas poco después de nacer y cantar como si dijeran tu nombre, tu corazón se derretirá.

Estas pequeñas y suaves aves son tan especiales que en una época se tenía la idea equivocada de que eran un híbrido de pollo y conejo. Por supuesto, eso es biológicamente imposible, pero cuando acaricies un pollo sedoso por primera vez, será como si pasaras la mano por lo más fino que puedas recordar.

Las plumas de un pollo sedoso carecen de los pequeños ganchos que mantienen juntas las hebras individuales para crear una estructura más rígida. Los pollos sedosos no solo se pueden acariciar, les encanta ser acariciados. ¡Muchos dueños afirman que valoran a sus pequeños amigos por lo distintos que son de los demás pollos!

Los detractores pueden alegar que tener un pollo como mascota es demasiado trabajo, pero ese no es el caso. No los tienes que pasear. Comen todo el tiempo, por lo que no tienes que programar sus horarios de alimentación, solo tienes que preparar alimento limpio y tener agua constante a su disposición.

No los tienes que bañar, aunque a los pollos sedosos les encantaría pasar un día en un spa, y si los tienes dentro de la casa, les puedes poner pañal.

Si, le puedes poner pañal a tu pollo sedoso, y él te dejará que lo hagas. Incluso puedes entrenarlo para que lleve un arnés y usar

Prólogo

una correa. Es totalmente equivocada la idea de que los pollos no son inteligentes. No pueden entender un lenguaje complejo, pero aprenden rápidamente, especialmente si refuerzas su entrenamiento con una recompensa sabrosa, una uva o quizás un buen trozo de plátano.

Un momento. Yo creía que los pollos comen maíz, granos y cosas por el estilo. Sí. Pero también pueden comer sobras de la comida e insectos, casi cualquier cosa, además puedes comprar alrededor de 50 libras (22.6 kilos) de alimento comercial para pollos por $20 - $25 (£13.18 -£16.48.) ¡Eso es suficiente para alimentar un par de pollos por 3 a 4 meses!

Si tu objetivo para investigar los pollos sedosos es exponer a tus hijos a todo el ciclo vital desde huevo fertilizado hasta ave adulta, te espera un periodo de incubación y crianza de dos meses, repito con un gasto mínimo, seguido de una expectativa de vida típica de 9 años.

En ese periodo, tus hijos no solo disfrutarán del amoroso afecto de una mascota de carácter dulce, sino que también aprenderán mucho sobre la cría de animales.

Este libro te proporciona un panorama completo de los Pollos sedosos, incluyendo una discusión de sus necesidades de alojamiento exterior e interior.

Se describen enfermedades comunes, junto con rutinas de cuidado diario, alimentación y requisitos para su aseo. El texto también hace referencia a las complejidades de inscribir tus pollos para que concursen en las exposiciones de aves de corral. A lo largo del libro encontrarás enlaces a los sitios web relevantes, y una recopilación de este tipo de fuentes de referencia al final del libro.

Nunca lleves a casa una mascota de cualquier tipo sin que hagas primero todos los arreglos necesarios para su adecuado cuidado y alimentación. En estas páginas, encontrarás todo lo que necesitas saber para localizar, adoptar y hacer que un pollo sedoso forme parte de tu familia.

Pero ten cuidado, ¡es extremadamente difícil detenerte en un solo pollo sedoso! Estás a punto de conocer al más encantador y social de todas las razas de pollos, y, al igual que la mayoría de los que hemos tenido pollos sedosos en nuestras vidas, te enamorarás de su personalidad caprichosa y manías encantadoras. Simplemente no existe otro pollo como el pollo sedoso. Sigue leyendo para que descubras por qué.

Capítulo 1: Introducción a los Pollos Sedosos

Es casi imposible ver un Pollo sedoso y no quedar intrigado. La calidad vellosa de sus inusuales plumas y sus crestas llamativas hacen que muchas personas digan que estas aves están usando "pelucas". Súmale que las plumas de sus piernas nos recuerdan a las antiguas pantaletas que usaban las damas, y tenemos que el pollo sedoso es una encantadora e irresistible ave.

También encontrarás que a esta raza se le denomina Pollo sedoso japonés o Pollo sedoso chino.

La verdadera ventaja es que la raza de Pollo sedoso tiene una personalidad que va de acuerdo con su buena apariencia. A los sedosos les gusta la gente, les gusta interactuar con nosotros en su manera a menudo burlona y entrañable.

Capítulo 1: Introducción a los Pollos Sedosos

1. Historia de los Pollos Sedosos

Estos pollos únicos tienen un nombre muy adecuado. Toca uno por primera vez, y sentirás como si estuvieras pasando la mano sobre la seda más suave. Son dóciles por naturaleza, y de tamaño muy pequeño por lo que a veces son confundidos con los pollos Bantam, los sedosos son compañeros encantadores y unos extraordinarios participantes en las exhibiciones de aves. (Los pollos sedosos son llamados Pollos Bantam sedosos en los Estados Unidos, pero no en el Reino Unido).

Es muy probable que la raza se haya originado en algún lugar en el sureste de Asia. En el siglo XIII, el viajero italiano Marco Polo escribió sobre unos pollos inusuales que encontró que, a su parecer, eran "peludos". Se cree que sus comentarios son la primera referencia escrita de la raza Sedosa

Una descripción más completa fue escrita en 1599 por otro italiano, el naturalista Ulisse Aldrovandi de la Universidad de Bolonia. Él describió a estas aves como "pollos con abrigo de lana", y comparó su "pelo" con el del gato negro.

La explicación más probable para la aparición de los Pollos sedosos en Europa es que ellos, al igual que muchos otros lujos extranjeros del siglo XVI, llegaron a occidente siguiendo la Ruta de la Seda desde Asia. En los Estados Unidos, la raza fue admitida en la *Norma de Perfección* de la *American Poultry Association* durante su primer año de publicación en 1874.

La apariencia de los Sedosos ha generado una gran cantidad de historias increíbles, como la idea absurda de los criadores holandeses de que las aves son descendientes de conejos y gallinas. Pero, sin lugar a dudas, hay algo caprichoso en la ligera expresión de determinación y manera de caminar pavoneándose de los Pollos sedosos.

Capítulo 1: Introducción a los Pollos Sedosos

Estas hermosas y agradables aves son una de las razas de aves de corral ornamentales más populares. Son excelentes mascotas - en el patio y algunas veces, incluso dentro de la casa - y son sumamente apreciadas como aves de exhibición.

2. Características Generales de los Pollos Sedosos

Los Pollos sedosos son aves llamativamente hermosas. Además de su suave plumaje, los Sedosos tienen la carne, los huesos y los orejillas de color azul. A diferencia de la mayoría de los pollos, tienen 5 dedos en cada pata y sus piernas y patas están emplumadas. No pueden volar, un hecho que, junto con su naturaleza plácida, los vuelve muy fácil de controlar y contener.

Uno de los aspectos más cautivantes de su aspecto son sus "crestas", que son penachos de plumas que se sientan con garbo sobre sus cabezas. A medida que las crestas crecen, tienen la tendencia de curvarse hacia abajo, hacia la cara del ave. La cresta disimula el hecho de que el cráneo del Sedoso es abovedado.

En un pollo de exhibición, este abovedamiento de hecho será un arco visible arriba de la cabeza, lo que los hace vulnerables. Los Pollos sedosos son propensos a desarrollar una enfermedad llamada "agua en el cerebro" (Consulta el Capítulo 6: Información General de la Salud del Pollo Sedoso) y pueden morir o sufrir un severo daño neurológico si otra ave les da un fuerte picotazo en la cabeza.

La cresta también puede interferir con la visión del Pollo sedoso, un problema que se resuelve en las exhibiciones de pollos con una gran variedad de maneras singulares desde unas sencillas horquillas hasta el uso de cinta de estilista, e incluso gomas decorativas para el cabello. (Consulta el Capítulo 9: Exhibición de pollos Sedosos para mayor información.) En el caso de los pollos sedosos que se tienen como mascotas, tal vez sea necesario sujetar la cresta con cuidado ¡para que las aves puedan ver a dónde van!

Capítulo 1: Introducción a los Pollos Sedosos

En promedio tienen un peso de 1.5 – 4 libras (0.68 – 1.8 kg), normalmente la esperanza de vida de un pollo sedoso es de 9 años. No son mascotas de alto mantenimiento, requieren poco arreglo, aunque los pollos de exhibición son "esponjados" un poco más antes de competir.

Los pollos sedosos son aves amistosas que disfrutan ser manipuladas hasta un grado tal en el que anhelan recibir atención. Pueden ser muy afectuosos y leales. Si se le trata gentilmente a una edad temprana, un pollo sedoso será una mascota dedicada y buena compañía, e incluso accederá a aprender trucos, siempre y cuando haya algo para él - como su recompensa favorita.

Es una raza robusta con una constitución resistente, los pollos sedosos son unas aves bastante activas a las que les gusta correr por el alrededor y escarbar para buscar su comida, pero no son ruidosos y se pueden ter con éxito en lugares urbanos si las ordenanzas de zonificación permiten tener un gallinero en el patio trasero. (Para mayor información sobre consideraciones legales de tener pollos en el patio trasero, consulta el Capítulo 2.)

Para estar sano y feliz, el pollo sedoso necesitará un lugar que pueda recorrer sin miedo a los depredadores. La sabiduría popular recomienda un espacio de 3 pies de ancho por 8 pies de largo (aproximadamente 1 por 2.4 metros) para un máximo de cuatro pollos. (Para saber más sobre la construcción de gallineros, consulta el Capítulo 2.)

3. Mejoras en la Raza y Popularidad en las Exhibiciones

En las tres últimas décadas se han producido mejoras significativas en la raza, lo cual ha llevado a una proliferación de nuevos colores, y un aumento gradual en la cantidad de plumaje en las piernas. Gran parte de esta actividad ocurrió en respuesta al aumento de la popularidad de los pollos sedosos como animales de exhibición.

Capítulo 1: Introducción a los Pollos Sedosos

Los pollos sedosos son la elección favorita de los jóvenes que participan en las exhibiciones de animales a través de 4H, un programa mundial para el desarrollo de la juventud que ahora está presente en más de 70 países.

La docilidad extrema de los pollos sedosos, y la facilidad de su manutención, incluso en entornos urbanos, los vuelve una opción excelente para los niños que no están en condiciones de tener ganado de exposición más grande como las vacas, ovejas, cabras o cerdos.

4. Producción de Huevos y Uso como Carne

Las Gallinas sedosas son increíblemente "cluecas" y podrán adoptar a cualquier cachorro de cualquier especie que las siga a todas partes. Sin embargo, este instinto maternal no se extiende a una alta producción de huevos. Cuando mucho, espera obtener 3 huevos a la semana de una gallina sedosa (aproximadamente 90-120 huevos al año).

Para fomentar una mayor producción de huevo, recolecta los huevos tan pronto como sea posible después de la puesta. Si permites que la Gallina sedosa forme una nidada de huevos, espera alrededor de 6-8 pollitos. Los huevos de los pollos sedosos son pequeños, de color crema.

Las personas que crían aves de caza como las codornices o las perdices a menudo tendrán una bandada de gallinas sedosas para usarlas como incubadoras vivientes. A estas gallinas les encanta incubar, anidarán incluso cuando no tienen ningún huevo, lo cual ha llevado a que muchos fanáticos digan entre risas que una gallina sedosa es capaz de ¡"incubar piedras"! Tal vez la frase "mamá gallina" fue acuñada exclusivamente en honor de estas gallinas.

Curiosamente, cuando está criando sus propios polluelos, una Gallina sedosa no es una madre soltera. Los Gallos sedosos tienen su propia cuota del fuerte instinto maternal de la raza. Los machos son extremadamente gentiles con los polluelos, llevándoles alimento y pasando tiempo con ellos en el patio de los pollos, claramente haciendo la labor de niñera.

Es extremadamente raro que los pollos sedosos sean criados por su carne, la cual, debido a su color azul oscuro, puede ser visualmente desagradable. La carne es comestible, pero la gente que la ha probado informa que tiene un sabor fuerte. Se usa en las culturas asiáticas donde se cree que tiene propiedades curativas, pero por lo menos en el mundo occidental, estas aves se usan principalmente como mascotas y animales de exhibición.

Comprendiendo la Estructura Especial de las Plumas de los Sedosos

Las aves son los únicos animales sobre la tierra que tienen plumas; los crecimientos epidérmicos que permiten que la vasta mayoría de las especies aviarias puedan volar. Sin embargo, los pollos en realidad no son aves voladoras. Forman parte de una familia más grande conocida como "aves de corral" que también incluye pavos, gallinas de guinea y patos. Estas aves están bien adaptadas a la vida sobre la tierra, aunque los cazadores podrían decirte que los patos salvajes son algunas de las mejores aves voladoras.

No obstante, si miras bien a las aves de corral, notarás que sus picos están diseñados para picotear la tierra, y sus patas están diseñadas principalmente para caminar.

Los pollos si se posan en la noche, envuelven sus pies alrededor de sus perchas, pero pasan el día pavoneándose y arañando el patio buscando insectos y disfrutando sus baños de tierra. Cuando están asustados, los pollos pueden volar cortas distancias; sin embargo, es igual de probable que salgan corriendo.

Capítulo 1: Introducción a los Pollos Sedosos

Las Aves Tienen Dos Tipos de Plumas

Los pollos sedosos no pueden volar en absoluto, sus alas son muy diferentes. La mayoría de las aves, incluyendo las aves de corral, tienen dos tipos de plumas.

- **Plumas de contorno** que cubren el exterior del cuerpo. Visualmente, una pluma de contorno es en lo que pensamos cuando escuchamos la palabra "pluma".

- **Plumón**, son más suaves y están debajo de estas estructuras más rígidas. El plumón es suave y mullido, y es la primera cubierta corporal que tiene un polluelo cuando sale del cascarón.

Las plumas de contorno se usan popularmente como ornamentos.

Solo imagínate una pluma metida en un ángulo caprichoso en la banda de un sombrero y entenderás la idea. Tradicionalmente, el plumón se ha utilizado como relleno y para aislamiento, por ejemplo en almohadas y colchones, incluso en chamarras.
(El plumón que se usa con dichos fines proviene de aves acuáticas, esta práctica está cayendo en desuso en la actualidad debido a que se vincula con crueldad animal.)

Capítulo 1: Introducción a los Pollos Sedosos

Estructura Típica de la Pluma contra las Plumas del Pollo Sedoso

Una pluma de contorno típica tiene un "raquis" central. Esta es la "línea" dura que divide la pluma en dos partes. El estandarte o vexilo se extiende a cada lado del raquis. Cada estandarte está compuesto por una serie de ramificaciones paralelas llamadas barbas.

Cada barba, a su vez, tiene ramificaciones o extensiones más cortas llamadas barbillas o bárbulas. Estas pequeñas estructuras están enganchadas, y son las que mantienen junta a la pluma, volviéndola rígida; sin embargo, son excepcionalmente ligeras y por lo tanto, están bien adaptadas para el vuelo.

Las plumas del pollo sedoso no tienen barbillas funcionales, por lo que las hebras individuales de la pluma no se mantienen juntas. Cada una de estas hebras tiene 1-2 pulgadas (50-75 mm) de longitud y son muy suaves. Esta diferencia estructural es lo que hace que los pollos sedosos parezcan "peludos" o "melenudos".

Muda y Polvo

Todos los pollos producen "polvo" como parte natural de su ciclo de cambio de plumaje. Este es un proceso continuo que sucede todo el año y aumenta en primavera y otoño. La mayor parte del polvo proviene del crecimiento de plumas nuevas. A medida que crece el raquis de la pluma, también se descama. Siempre que un pollo pierde una pluma, se reemplaza la estructura, y por lo tanto siempre está presente algo de polvo.

Sin embargo, en el otoño los pollos mudan, esto significa que pierden la mayoría de sus plumas y las reemplazan. Este puede ser un proceso alarmante para dueños novatos que no están preparados para ver lo "desplumadas" y "desnudas" que estarán sus aves. Obviamente, la muda es un periodo de alta producción de polvo.

Capítulo 1: Introducción a los Pollos Sedosos

Las aves jóvenes, incluyendo los pollos sedosos, también mudan sus plumas de nacimiento. Esto solamente es parte del proceso de maduración y no son síntoma de ninguna enfermedad. Los adultos no mudan en la primavera, pero puede haber un crecimiento acelerado de plumas, lo cual también lleva a que se desprenda más polvo.

5. Tipos de Pollos Sedosos

Los pollos sedosos se presentan en variedades con barba y sin barba. La "barba" es un pequeño conjunto de plumas que está justo debajo del pico y alrededor de la cara. La carúncula, carnosidad que cuelga del pescuezo del pollo, es diferente en cada variedad:

- El gallo sedoso sin barba tiene carúnculas grandes, que cuelgan 25mm-40mm (1" – 1.5") por debajo del pico, mientras que la gallina tiene carúnculas más pequeñas.

- El gallo sedoso barbudo tiene carúnculas pequeñas, que cuelgan 5mm (menos de 0.25") debajo del pico, rodeadas de una mullida barba.

Ambas variedades, con y sin barba, tienen su distintivo copete de plumas, y ambas tienen una cresta arriba de la cabeza. Sin embargo, los pollos sedosos solo tienen una cresta chata rosa, que se asemeja a una verruga en la frente del ave.

Los colores aceptados para los pollos sedosos incluyen: negro, azul, ante, blanco, perdiz, dálmata, gris, lavanda, rojo, porcelana y cuco. (Los últimos cuatro colores no son aceptados para una exhibición.)

Capítulo 2: Cómo tener Pollos Sedosos en el Patio Trasero

Los pollos sedosos no son una raza que se mantenga para producir muchos huevos, ni para tenerlos como "incubadoras". En teoría, los pollos pueden ayudar a mantener bajo control los insectos de tu jardín, pero también podrían picotear los brotes tiernos de las plantas jóvenes junto con las larvas.

El excremento del pollo y la paja desechada son una adición excelente para una pila de composta, por lo que en ese sentido, tener pollos en el patio tiene sentido hablando ecológicamente.

Sin embargo, los pollos sedosos se usan principalmente como mascotas y animales de exhibición, ya que proporcionan compañía y entretenimiento para los humanos. Además, tener y cuidar un pollo como mascota es una experiencia educativa para los niños, especialmente para los que viven en zonas urbanas, los que de lo contrario no tendrían oportunidad de explorar la cría de animales.

Si en tu área te permiten tener pollos sedosos como mascotas, tienes por delante muchas decisiones con respecto a cómo alojarlos, estas decisiones debes tomarlas e implementarlas ANTES de llevar tus polluelos a casa.

1. Consideraciones Legales

No hay una respuesta única con respecto a las leyes que regulan la tenencia de aves de corral. Usualmente, las provisiones dependen de los reglamentos de zonificación de la ciudad, y varían desde la prohibición total hasta un límite en el número de pollos permitidos, en algunos lugares solo se prohíbe tener gallos. Si tienes planeado tener un gallinero, la autoridad pertinente podría ser la asociación de propietarios de tu localidad.

Para consultar leyes y ordenanzas relativas a los pollos en los Estados Unidos, la mejor fuente en línea es BackYardChickens.com/atype/3/Laws

Este sitio web cuenta con un buen mantenimiento y se actualiza constantemente, además cuenta con una sección sobre "nuevas leyes y reglamentos". Si no puedes encontrar respuesta allí, tu mejor opción es llamar a la oficina de gobierno de tu ciudad o municipio. Ellos te dirigirán a la dependencia adecuada, la que probablemente sea el departamento de control animal.

En Gran Bretaña, los dueños de aves de corral con 50 o más aves deben inscribirse en el Registro de Aves de Corral de Gran Bretaña, la cual comenzó sus actividades en diciembre de 2005. Su principal objetivo es ayudar en el seguimiento y control de enfermedades.

Los reglamentos y códigos locales afectan la propiedad de pollos como mascotas de manera más directa que cualquier reglamento nacional. Un desarrollo habitacional, podría tener convenios o códigos que excluyen las aves de corral y el ganado. Lo mejor que puedes hacer es consultar a las autoridades locales antes de comprar un pollo como mascota.

2. Construcción de Gallineros

A menos que decidas mantener tu pollo sedoso dentro de la casa (que es una opción viable que se discute ampliamente en el Capítulo 3), tienes mucho que hacer antes de llevar tu nueva ave a su casa. Es un error pensar que solo tienes que comprar una jaula, ponerla en el patio y meterle tu pollo sedoso.

Los pollos tienen necesidades muy específicas cuando hablamos del lugar donde los vas a tener.

Capítulo 2: Cómo tener Pollos Sedosos en el Patio Trasero

Ubicación, Ubicación, Ubicación

Lo primero que debes decidir con respecto a tu gallinero es elegir donde lo vas a poner. Es necesario que sea un lugar muy soleado, pero que también brinde mucha sombra. No selecciones una zona baja. No es saludable que los pollos se vean forzados a caminar en agua estancada.

Una vez que hayas decidido el lugar donde vas a colocar el habitáculo, podrás determinar que acomodo se adapta mejor a tu propiedad y a tu objetivo de tener a los pollos en primer lugar. Hay cuatro maneras básicas para tener pollos:

- Confinados en un gallinero adjunto a un pequeño patio o corral.
- Que puedan andar en libertad en el patio con un gallinero donde se puedan posar en la noche.
- Libertad limitada, esta es una combinación de los enfoques anteriores.*
- Un gallinero móvil.

(* En el caso de libertad limitada, el gallinero está rodeado por una cerca o corral que permite que los pollos tengan un grado de movimiento parecido al que tienen los que están en libertad, pero dentro de los confines de una estructura protección.)

El Espacio es una Consideración Importante

Es esencial para la salud de tus aves que les des un espacio adecuado, independientemente del tipo de habitáculo que decidas utilizar.

Un solo pollo necesita alrededor de 4 pies^2 (0.37 m^2) de espacio por sección de cualquier parte de su lugar de encierro. Por ejemplo:

- Si quieres criar tres pollos, necesitarás 12 pies^2 (1.11m^2) de espacio en un gallinero.

- Si agregas un corral al gallinero, esa área deberá de ser de 12 pies^2 (1.11 m^2).

Recuerda, el hacinamiento no solo estresa a los pollos y hace que se peleen entre ellos, también incrementa el riesgo de que se propaguen enfermedades. No olvides que los pollos son aves muy sucias. Entre más introduzcas en un espacio pequeño, te será más difícil limpiar y mantener adecuadamente el gallinero.

Otras Decisiones Importantes Con Respecto A Tu Gallinero

También tendrás que decidir:

- *Altura del gallinero*. Aunque los pollos ponen sus huevos en nidos, en las noches se posan en perchas y necesitarán una altura libre adecuada así como estar a una buena distancia del suelo para facilitar su limpieza. Recuerda, que es necesario que puedas entrar al gallinero para darle mantenimiento al área. NUNCA coloques comederos o bebederos debajo de las perchas.

- Posaderos. Es especialmente importante para los pollos sedosos tener un lugar donde posarse ya que tienen patas emplumadas. Las patas de las aves de exhibición se deben de mantener limpias todo el tiempo; sin embargo, no se debe permitir que los pollos sedosos anden sobre el suelo sucio, se paren en el agua o en el lodo. Unas patas sucias son una invitación para los parásitos y las infecciones.

- Ventilación. No es deseable que el gallinero tenga corrientes de aire, pero tampoco lo es que se acumule el calor y la humedad. Eso es una invitación abierta a las enfermedades y a una amplia variedad de parásitos. De ser posible, crea una ventilación cruzada, la que mejora el enfriamiento, disminuye el olor y proporciona el máximo secado. (Consulta la siguiente sección sobre Control del Clima.)

- Suelo. Es importante que el piso del gallinero no seas resbaloso, pero tampoco es deseable usar materiales que se puedan podrir o guarden olores. La mayoría de la gente elige pisos de tierra o madera, porque la madera se seca fácilmente si la ventilación del gallinero es buena. El suelo debe estar cubierto con un lecho de paja que absorba la orina, heces y el agua derramada.

- Iluminación. Manejar el estrés con los pollos siempre será una consideración importante, además a las gallinas no les gusta sentirse completamente encerradas y atrapadas. La luz natural también permite que los pollos mantengan un horario regular de vigilia y sueño. El gallinero necesita ventanas.

- Nidales. Aunque las gallinas sedosas no son buenas ponedoras, son increíblemente cluecas y les encanta anidar. Se dormirán en sus perchas en la noche, pero un nidal limpio y seco con paja o virutas de madera las hará muy felices, e incluso con pollos sedosos, podrías tener alrededor de 3 huevos a la semana.

Capítulo 2: Cómo tener Pollos Sedosos en el Patio Trasero

Lo deseable es que tengas un gallinero completamente construido con todos los materiales necesarios en su lugar, para que tus pollos sedosos puedan llegar a casa en un entorno hecho a la medida de sus necesidades. De esta manera, podrían aclimatarse con una mínima cantidad de estrés.

Control del Clima

A los pollos sedosos les gusta disfrutar la luz solar; sin embargo, son muy sensibles a las altas temperaturas. Es vital que tengan agua fría y un lugar sombreado donde puedan guarecerse del calor

Si la temperatura en tu localidad alcanza habitualmente los 100°F (37.8 C) o más en el verano, tus pollos sedosos necesitarán un mayor enfriamiento. La mayoría de los criadores usan unidades de nebulización y un ventilador, pero no es inaudito que los gallineros tengan aire acondicionado en los lugares con climas muy calurosos.

Los pollos no sudan, jadean para refrescarse. Cuando la temperatura ambiental sube mucho, simplemente no pueden soportarlo. Los sistemas de nebulización de agua no son caros, y se pueden conseguir en línea o en grandes tiendas de jardinería por $25 a $50 dólares (£16.48 a £32.96).

Algunos tienen ventiladores incluidos, incluso puedes usar un sencillo ventilador para hacer que circule el ligero aire vaporizado. Esto no es lujo para tus pollos sedosos, y puede ser un verdadero salvavidas durante los brutales meses de verano.

Encontrar Planes para Construir un Gallinero y Costos Asociados

Internet está lleno de planes para diseños de gallineros. Una fuente excelente para constructores "hágalo usted mismo" es BackyardChickens.com, y no te olvides de YouTube. Para muchas personas, es mucho más fácil visualizar el producto terminado cuando están viendo cómo se desarrolla el proceso.

Capítulo 2: Cómo tener Pollos Sedosos en el Patio Trasero

Sitios como CleanCoops.com venden planes que se pueden descargar por alrededor de $35 dólares (£23.07), al tiempo que le ofrecen a sus clientes consejos para su construcción y limpieza. Los costos de construcción varían de acuerdo con el costo de los materiales y la complejidad; sin embargo, en los foros de discusión sobre pollos la mayoría de los dueños hacen un cálculo aproximado para un gallinero con corral entre $200 y $400 dólares (£131.83 a £263.66). Estas estructuras hechas a la medida tienen a ser más grandes que los gallineros comerciales que se pueden comprar y ensamblar.

Si, por el contrario, no eres muy hábil y quieres comprar un gallinero listo para usarse, existen opciones como ChickenCoopSource.com y otros lugares que venden al menudeo en y fuera de línea. Los gallineros se pueden comprar como "juegos", que van desde pequeñas unidades "iniciales" por aproximadamente $230 a $250 (£151.60 a £164.79) en total hasta gallineros de diseñador tipo "cottage" que cuestan hasta $2000 dólares (£1318.30).

En el mundo "real" de las compras, existen muchas opciones para el futuro dueño de pollos. Los gallineros no son estructuras complejas, además cualquier carpintero capaz puede construir uno sin problemas; no obstante, a los costos de mano de obra debes sumarle el de los materiales.

Puedes encontrar gallineros prefabricados en muchas tiendas de alimentos y ferreterías, especialmente en las zonas rurales, en algunas áreas puedes comprar gallineros en grandes tiendas de autoservicio como Walmart.

Es necesario tener un gallinero independientemente de cómo prefieras tener a tus pollos, además que su costo es una de las consideraciones más importantes. Si decides que tus pollos estén libres, todo lo que necesitarás es el gallinero. No obstante, si construyes un entorno donde tengan libertad limitada, tienes que considerar los costos del corral o cercado que lo va a rodear.

Capítulo 2: Cómo tener Pollos Sedosos en el Patio Trasero

Estos costos pueden variar mucho, especialmente si lo construyes tú o contratas a un carpintero para que lo haga.

Los corrales comerciales, que esencialmente son marcos rectangulares de madera de diferentes tamaños, con paredes de alambre para los pollos, pueden costarte desde $300 a $500 dólares (£197.75 a £329.58) en el caso de un habitáculo de aproximadamente 4' x 3' (1.22m x 0.91m).

Sin embargo, en 12 pies^2 (1.11 m^2), solo podrías acomodar alrededor de 3 pollos. En el caso de una instalación con libertad limitada, necesitarías un área cercada de 2 a 3 veces ese tamaño.

3. Mantener Tus Pollos Confinados en un Gallinero

Confinar tus aves a una estructura que los mantenga a salvo de los depredadores y limite sus movimientos a una cierta área tiene muchas ventajas. Como a los pollos les gusta escarbar y buscar su alimento, las aves confinadas dependen exclusivamente de que sus cuidadores satisfagan todas sus necesidades nutricionales.

También ten en cuenta que pasada una semana, cualquier jardín que esté dentro del gallinero quedará reducido a pura tierra. Los pollos no solo se habrán comido todo rastro de pasto, sino que también les gusta tomar baños regulares de tierra, lo cual impide que el pasto vuelva a crecer.

(Los baños de tierra son la manera natural con la que las aves controlan los parásitos y debe fomentarse.)

Se debe tener especial cuidado de que no haya hacinamiento cuando se confinen pollos, ese es el principal agente estresante para las aves de corral. Esto puede provocar que las aves se vuelvan combativas entre sí, mientras que otras morirán prematuramente.

Capítulo 2: Cómo tener Pollos Sedosos en el Patio Trasero

El espacio recomendado para un gallinero confinado con un corral, es un área de 8 pies de largo por 3 pies de ancho (2.44m por 0.9m) para no más de 3 pollos.

4. Aves en Libertad Que Posan de Noche

Los pollos que tienen permitido estar en libertad pueden andar alrededor de un área determinada (y usualmente no están en una jaula) todo el día buscado las cosas que les gusta comer, incluyendo pasto e insectos. Ciertamente, esto permite que el ave se encargue de su propia dieta de una manera más natural y espontánea, además del alimento que le proporcione su cuidador.

Por la noche, las aves se retiran a su gallinero para posarse, y a menudo son encerradas para protegerlas de los depredadores durante ese momento. Normalmente, los pollos son liberados temprano por la mañana cuando se les da su primer alimento del día.

La mayor desventaja de permitir que tus pollos anden en libertad, es que las aves son vulnerables a una amplia variedad de depredadores entre ellos animales salvajes, y perros y gatos domésticos.

5. La Solución Intermedia de Libertad Limitada

Al igual que en el caso de los pollos confinados a un gallinero, una solución de libertad limitada crean un entorno dentro de un entorno. Se instala un pequeño gallinero con un corral limitado dentro de un área cerrada más grande con o sin techo. (Los halcones, y otras aves de presa, podrían llevarse a tus pollos, por lo que normalmente es buena idea poner una malla arriba del patio de los pollos.)

Si tienes espacio para crear un lugar para libertada limitada, tus pollos podrán pasar el día rascando, picoteando y bañándose en la tierra, lo cual disfrutarán; sin embargo, tendrás la opción de confinarlos en un área más pequeña según sea necesario y encerrarlos en el gallinero por la noche para su seguridad.

Además, dado el espacio disponible, podrás criar más pollos con mayor seguridad.

6. ¿Los Pollos Manejan "Tractores"?

No exactamente. Un "tractor" de pollos es un gallinero móvil. Esto te permite reubicar el gallinero, lo cual le da a los pollos un mayor acceso a pasto y poblaciones de insectos frescos. Cuando una parte del patio comienza a desgastarse, el gallinero se mueve a otro lugar.

Obviamente, este método requiere que tengas una propiedad grande; sin embargo, tiene la ventaja del confinamiento y la protección. Repito, el hacinamiento es una consideración importante a tener en cuenta.

Cuando compres o construyas un gallinero móvil, recuerda que esencialmente este es un eficaz departamento "todo en uno" para pollos. La unidad incluye un gallinero con nidales y postes, y tiene adjunto un corral o cercado cubierto.

Mientras que algunos tractores están construidos sobre ejes con ruedas, puede ser más práctico un enfoque tipo trineo para lograr el objetivo de tener los pollos en el suelo.

(Ten en cuenta que las unidades con ruedas pueden ser más fáciles de mover físicamente, mientras que los gallineros móviles tipo trineo tienen que ser arrastrados con un tractor de jardín o una "mula" de granja.)

Muchos tractores de pollos listos para usarse colocan el gallinero sobre el suelo. Esto es un desperdicio de espacio y es contrario a las preferencias naturales de los pollos. Si quieres usar un tractor de pollos, busca uno cuyo gallinero esté elevado del suelo por lo menos 20 pulgadas (50 cm). Esta es una protección adicional

Capítulo 2: Cómo tener Pollos Sedosos en el Patio Trasero

contra los depredadores, y aumenta la cantidad de espacio donde las aves pueden andar y escarbar.

Un tractor de buen tamaño tendría 5' de ancho (1.52 m) y 6-7' (1.82 – 2.13 m) de largo. Esto daría un total de 30 a 35 pies^2 (2.79 a 3.25 m^2), suficiente para 7 a 8 pollos sedosos, dado que son aves con un cuerpo pequeño.

Además de un gallinero elevado con nidales, el tractor debe tener algún tipo de persiana sobre el patio principal, así como puertas o paneles con seguro, para permitir la limpieza del gallinero y nidales, y el cambiar el alimento y el agua.

La frecuencia con la que se moverá el tractor depende completamente de la rapidez con la que las aves desgasten el suelo en un punto dado.

Los tractores de pollos se han vuelto especialmente populares en zonas urbanas y suburbanas, y a menudo se rotan sobre los jardines familiares donde los pollos arañan la tierra y ayudan a mantener controlada la población de insectos.

Los tractores de pollos también se pueden comprar comercialmente o construirse con la ayuda de planos que se pueden descargar en línea. (Consulta "Cómo Construir Un Gallinero Móvil o Tractor de Pollos" en http://smallfarm.about.com/od/farminfrastructure/ss/sbscoopbuild.htm o usa tu motor de búsqueda favorito y busca "planos para construir un tractor de pollos.")

Los tractores comerciales de pollos cuestan entre $500 a $1000 dólares (£329.58 a £659.15). Para construir un tractor de pollos de 35 pies^2 (3.25 m^2), necesitarás aproximadamente $300 dólares (£197.75) para comprar las partes y materiales.

7. Tener Pollos en la Casa

Si, algunas personas tienen sus pollos en la casa, un tema que se discute más a fondo en el Capítulo 3. Bajo esas circunstancias, y si usan "pañales" para aves de corral, las aves pueden andar libremente en el interior.

Sin embargo, este es un entorno completamente diferente al que los pollos están acostumbrados, y se tiene que tener cuidado de que se satisfagan las necesidades naturales del ave de escarbar, picotear y bañarse en la tierra. Los pollos sedosos son tan dóciles, que se someterán a pasear con una correa, lo que es una manera segura, si se hace con cuidado, de darles acceso al aire libre.

Los pollos de interiores de todos modos necesitan posarse de noche, por lo que será necesario tener una jaula adecuada con perchas, asimismo a los pollos sedosos les encanta anidar. Por supuesto, si tienen la oportunidad de anidar en un bonito y suave cojín de sillón sobre una caja recubierta con paja, no te sorprendas. Los pollos, especialmente las aves agradables y cariñosas como los sedosos, ¡se acostumbran a vivir en "la casa grande" muy rápido!

8. Tomar Precauciones Contra los Depredadores

Independientemente del tipo de acomodo que uses para albergar a tus pollos sedosos, toma todas las precauciones necesarias contra los depredadores. En un lugar al aire libre, esto implica que tienes que usar malla de gallinero o malla metálica que se extienda por lo menos 6 pulgadas (15.24 cm) desde el borde del gallinero para desalentar el cavado. También es buena idea poner alambre arriba del gallinero para evitar que las aves de presa, como los halcones, atrapen uno de tus pollos.
Los animales contra los cuales debes protegerlos incluyen, sin limitación: mapaches, coyotes, zorros, comadrejas, zorrillos, halcones, lechuzas, zarigüeyas, gatos monteses, serpientes e incluso ardillas.
 Algunas de estas criaturas solo van tras los huevos, pero si tienen oportunidad también matarán a los pollos. Cuando se trata de mapaches en particular, ningún cerrojo es lo suficientemente

fuerte. Cierra tu gallinero de noche y asegúrate de que todas las ventanas y otros puntos de entrada están bien cerradas.

No caigas en la trampa de confiar en los perros y gatos domésticos que conviven con tus pollos, incluso en tu propia mascota. En algunos casos los animales domésticos ignoran a los pollos, pero incluso cuando están jugando, las aves pueden terminar en el lado perdedor de una confrontación. Los pollos son tan susceptibles al estrés, que un perro puede atormentarlos hasta la muerte, creyendo que todo era un juego.

Los pollos no están exentos de responsabilidad en estas cuestiones. Los términos de la "orden de picoteo" (*pecking order* en inglés; en español, el equivalente sería ley del más fuerte, pero se usa así para que tenga sentido la traducción, N. de T.) y "picoteado hasta la muerte" nacieron por un motivo. Las gallinas pueden ser muy territoriales y se sabe que hostigan a los gatos, hasta que el gato pone fin a la cuestión.

La regla de oro es asumir que cualquiera pueda matar o comerse a tus pollos lo hará.

Capítulo 3: Tu Pollo Sedoso como Parte de la Familia

Las personas que dicen que pueden imaginarse tener un verdadero apego a un pollo no han conocido un pollo sedoso. Estas suaves y hermosas avecillas tienen un encanto único que las diferencia en el mundo de las aves de corral. Esta es la razón por la que son unas excelentes mascotas.

Los pollos sedosos también son unos animales de exhibición perfectos, y trabajan bien con los niños pequeños que participan por primera vez en eventos con jurado. Es simplemente imposible no enamorarse de un pollo sedoso, por eso es importante que comprendas lo que el nuevo miembro de tu familia necesita en términos de cuidado, ayuda, protección, atención y cariño.

Capítulo 3: Tu Pollo Sedoso como Parte de la Familia

1. Pollos sedosos y Otros Pollos en Entornos Al Aire Libre

Si vas a introducir unos pollos sedosos a una gallinería ya existente de pollos más grandes, lo mejor es que se conozcan a través de algún tipo de barrera abierta, por ejemplo una cerca común. Eso permite que ambos bandos se examinen y acostumbren, al tiempo que se manifieste una agresión abierta. Después de aproximadamente una semana, los pollos sedosos podrán soltarse dentro de una comunidad más grande de aves de corral con supervisión, solo para estar seguros de que no habrá altercados.

Puede ser buena idea darle al pollo sedoso un gallinero más pequeño, individual, para él solo, con el fin de garantizar que haya relaciones pacíficas, especialmente si los Pollos sedosos son jóvenes. Sin embargo, esto no tiene que hacerse a largo plazo, y tal vez no sea necesario hacerlo. Los pollos sedosos congenian muy bien con los pollos de razas más grandes, y raramente hay problemas importantes con su integración.

2. Pollos Sedosos y Otras Mascotas

Tener pollos junto con otros animales domésticos, especialmente gatos, puede ser una situación "riesgosa". Algunos gatos ignoran a los pollos, mientras que otros los acosarán y los atacarán. (Nunca confíes en un gato que esté alrededor de un polluelo. El instinto felino es demasiado fuerte como para resistir la tentación.) La precaución también se extiende a los perros. A menudo los animales domésticos creen que solo están jugando con los pollos, pero en el proceso las aves pueden sucumbir ante el estrés, o pueden ser lo suficientemente heridos como para sangrar.

Si un pollo es lastimado por otra mascota, la verdadera amenaza para la vida del ave puede provenir de su propia especie. Si otra gallina ve sangre en un ave herida, puede picotearla hasta matarla.

Capítulo 3: Tu Pollo Sedoso como Parte de la Familia

Si uno de tus pollos llega a ser herido, sepáralo del resto de los pollos por su propia seguridad.

El consenso general de opinión es que los pollos deben mantenerse separados de otras mascotas. Si tienes la intención de tener un pollo sedoso dentro de la casa, especialmente en un departamento donde la separación no se puede hacer fácilmente, entonces tener un pollo tal vez no sea una buena opción para ti, hasta que tengas más espacio.

3. Tener Pollos "Caseros"

Obviamente, los pollos no son la mascota adecuada para todo mundo. A pesar de que son dóciles y encantadoras, las aves como los pollos sedosos pueden ser muy escandalosas, especialmente si están asustadas. Si vives en un departamento, lo mejor sería tener una gallina, porque los gallos comenzarán a cantar con el tiempo, y usualmente lo harán a la hora en que no deseas que lo hagan. Además, todas las aves de corral, independientemente de cómo estén alojadas, son sucias.

Es necesario que limpies a menudo la jaula de tu ave, además si estás criando el pollo para una exhibición, debes tomar todas precauciones para mantener al animal tan limpio como sea posible. Una vez que se manchan las plumas del pollo, es muy difícil que vuelvan a quedar limpias, especialmente si tu ave es totalmente blanca.

Es importante de que te asegures de que tienes permitido tener un pollo como mascota en tu localidad. Deberás revisar los reglamentos de zonificación de tu ciudad, especialmente si tienes la intención de tener un gallo, así mismo, si aplica, los estatutos de tu asociación de propietarios.

Si tienes otras mascotas en la casa, se realista con respecto a cómo se llevarán con un pollo mascota. La principal causa de muerte entre los pollos caseros es la lesión que sufren después de ser atacados por otro animal doméstico, usualmente un perro o gato.

La Jaula del Pollo

La jaula más pequeña que puedes usar para tener un pollo sedoso en tu casa es de 2 pies^2 (0.19 m^2). Se debe permitir que el pollo salga a jugar durante el día. Ten en cuenta que NO PUEDES usar las virutas de cedro que venden en las tiendas de mascotas como lecho para tu pollo. Son TÓXICAS para los pollos.

El recipiente para el alimento y agua del ave debe colgar a un lado de la jaula, ya que a los pollos les gusta escarbar y fácilmente contaminan sus propios recipientes con heces y otros materiales. Prepárate para el desorden que harán tus aves cuando desperdiguen el lecho de su jaula en toda el área circundante.

A los pollos les gustan los nidales, pero duermen en dormideros. Asegúrate de que la jaula tenga la altura suficiente para acomodar un poste a media altura para este fin, y ten cuidado de no colocar los recipientes del alimento y del agua debajo del dormidero.

Los pollos sedosos son una excelente opción como pollos de casa porque son mucho más tranquilos que otras razas y es bien sabido que son tranquilos y amistosos. Las gallinas normalmente chillan cuando ponen huevos, pero las sedosas no son buenas ponedoras, ya que raramente producen más de 3 huevos a la semana.

¿Cuántos Pollos Sedosos Puedo Tener Dentro De Mi Casa?

Para ser justos con los pollos, tienes que hacer una evaluación realista del espacio que tienes disponible. El hacinamiento es una de las principales causas de muerte para los pollos que se tienen en gallineros.

Los pollos sedosos que viven rodeados de lujos dentro de la caja no van a estar nada felices si los dejas todo el día en una jaula pequeña y no les das el tiempo y espacio suficiente para caminar y ser pollos.

Teniendo en cuenta estas consideraciones, y el hecho de que los pollos sedosos adoran la interacción humana, no es cruel tener un solo pollo sedoso como mascota en el interior de la casa. Para la mayoría de las casas, dos pollos es el límite. Si vas a estar fuera de casa un largo periodo de tiempo, procura tener dos pollos sedosos porque si necesitan compañía.

Alimento y Agua

Deben tener agua fresca disponible todo el tiempo. Los pollos son omnívoros, y comen casi cualquier cosa, incluyendo sobras de la comida. Cuando tienen permitido escarbar y picotear en el patio, ningún insecto está a salvo. Considera comprar las bolsas de grillos pequeños que venden en las tiendas de mascotas como alimento para lagartos para tus pollos. Dáselos todos de una vez a menos que quieras tener insectos corriendo por tu casa.

Sin embargo, una vez que tu pollo haya aprendido a reconocer la bolsa de grillos, no tendrás el problema de que se escapen. Muchos dueños de pollos dicen que darles grillos a sus aves es uno de sus "juegos" favoritos, porque es muy divertido ver la velocidad y precisión con la que el pollo sedoso sale en pos de un bocadillo sabroso y saltarín, y acaba con él.

La mayor parte del tiempo, alimentarás a tu pollo con bolitas o migajas enriquecidas con algunos granos partidos. (Para mayor información sobre este tema, consulta el Capítulo 5: Cuidado Diario de los Pollos Sedosos.)

Pañales Para Pollo

Los pañales son obligatorios para los pollos que se tienen dentro de la casa porque las aves no se pueden domesticar de manera confiable. Algunas personas afirman que les enseñaron a sus pollos sedosos a usar periódicos esparcidos por el suelo.

Generalmente, la cola del pollo se contraerá antes de que el animal haga sus necesidades, por lo que los dueños que están muy al pendiente de ellos podrían, en teoría, llevarlos a un lugar adecuado para que hagan "sus cosas". Este proceso debería empezar en la infancia, y tomaría demasiado tiempo; sin embargo, algunos dueños de pollos sedosos en línea afirman que lo han hecho con éxito.

No obstante, la gran mayoría prefiere usar pañales para pollo, que son bastante parecidos a los productos que usan los dueños de pericos. Los pañales se adaptan perfectamente al ano del pollo y cogen sus desechos, además son muy coloridos y divertidos.

Un pollo sedoso generalmente usará un pañal "pequeño". Las bolsas del pañal están cubiertas con vinyl, y se ajustan con cierres de velcro. La mayoría cuesta aproximadamente $25 a $30 (£16.48 a £19.77) por la cubierta protectora.

Vas a necesitar más de un pañal, ya que básicamente tendrás que vaciar y lavar la bolsa cada vez que capture los desechos del ave. Este no se parece al pañal que usan normalmente los bebés humanos, el cual una vez que se ensucia es desechado. La mayoría de los pañales para pollo a la venta, no tienen un material que absorba la suciedad y están bien diseñados, por lo que no tienden a tener filtraciones. Sin embargo, existen algunos productos especiales como los fabricados por WorkingWings.com que permiten que la bolsa sea recubierta con periódico, trozos de tela, pañales humanos, e incluso papel higiénico.

Arneses y Correas

Los arneses para pollo están diseñados para que se ajusten por arriba y alrededor de las alas del ave, dando un punto de unión para la correa en el centro de la espalda del ave.

Algunos porta-pañales tienen la doble función de servir también como arnés. Esto te permitirá sacar a tu pollo sedoso para que

Capítulo 3: Tu Pollo Sedoso como Parte de la Familia

pueda escarbar y picotear insectos en el pasto, y para "bañarse" en la tierra, lo que no solo le da placer al pollo, sino que ayuda a controlar parásitos como los ácaros.

Al principio, deja que tu pollo use el arnés por periodos cortos de tiempo sin la correa. Luego, permite que el ave use el arnés y deja que arrastre la correa. Esto permitirá que el pollo se acostumbre al peso de la misma.

Procura que no haya nada en el área en lo que la correa se pueda atorar o enganchar, ya que esa experiencia podría hacer que el pollo le tema a todo el proceso para siempre.

Cuando el ave se acostumbre tanto al arnés como a la correa, sostén la correa, párate lo más lejos que te permita el dispositivo, y sostén una recompensa. Haz que el pollo se acostumbre a caminar hacia ti, aplicando una presión suave si camina en la dirección incorrecta.

En última instancia comprenderá el concepto de la correa y te permitirá que le sugieras correcciones a su trayectoria, pero la mayor parte de las veces, sacar a "pasear" a tu pollo es más bien una cuestión de seguirlo sosteniendo la correa mientras el pollo investiga. No obstante, el arnés y la correa te permiten mantener el control de la situación, evitando que el ave se te escape. Afortunadamente, los pollos sedosos no vuelan, así que eso no es un problema.

La Importancia de los Baños de Tierra para los Pollos Caseros

Los pollos no toman baños de agua por si solos, pero les encanta usar la tierra para asearse. Al igual que muchos animales que dan vueltas en la tierra, los pollos están usando una manera natural para controlar parásitos como los ácaros; sin embargo, la tierra también elimina el exceso de aceite de sus plumas.

Capítulo 3: Tu Pollo Sedoso como Parte de la Familia

Dependiendo de la época del año, la tierra puede ayudar a que el ave permanezca fresca o darle calor. Independientemente de la funcionalidad del baño de tierra, los pollos obviamente la están pasando bien porque una gallina puede levantar una nube regular de tierra.

Si no sacas en lo absoluto a tu pollo al exterior, consigue una olla de buen tamaño y llénala con arena para jugar hasta una profundidad de un par de pulgadas (5.8 cm). Mete el pollo en la olla, ¡y prepárate para el desorden! Lo mejor es poner una capa o dos de periódico alrededor de la olla para recolectar la arena; sin embargo, los pollos sedosos son tan tiernos cuando se están revolcando en la tierra, que resulta casi imposible no disfrutar este importante ritual para ellos.

Juguetes Para Tu Pollo

Como se dijo antes, usar grillos vivos como bocadillo nutritivo y como juguete para tu pollo sedoso es una idea excelente. Los pollos son mucho más inteligentes de lo que la gente cree. Tienen una visión aguda, y pasan gran parte de su tiempo buscando su alimento.

Algunos pollos son más perceptivos para aprender trucos que otros y, como la mayoría de los animales, deben ser inducidos con recompensas para que completen la acción deseada. Juegos de "atrapar" y "buscar" son los más sencillos, pero con paciencia, muchos dueños les han enseñado con éxito a sus aves a manipular objetos con sus picos o patas, y a responder a órdenes habladas.

(Sin embargo, en general, los pollos no son buenos con el lenguaje complejo, y responden mucho más rápidamente a las señales visuales y a las recompensas.)

Capítulo 3: Tu Pollo Sedoso como Parte de la Familia

Los Pollos Sedosos Aman La Atención

Una de las cosas que los dueños de pollos sedosos aman de estas aves es lo poco parecidas que son del resto de los pollos. Los pollos sedosos aman ser manipulados. Le dan la bienvenida a la interacción. Son amorosos y cariñosos, y querrán ser parte de la familia. No consigas un pollo sedoso con la idea de que solo va a sentarse en su jaula. Estas hermosas y pequeñas aves son unas mascotas familiares maravillosas, y prosperan con amor, atención y cuidado.

Capítulo 4: Comprar Pollos Sedosos o Huevos Fertilizados

Al igual que con cualquier mascota, cuando llegue el momento de comprar tu pollo sedoso, fundamentalmente las preguntas son las mismas. "¿Dónde compro los pollos? ¿Cuántos debo conseguir? ¿Debo comprar huevos o polluelos vivos? Si compro pollitos, ¿qué edad deben tener?"

Debes considerar estas preguntas antes de responder un anuncio que diga "Pollos sedosos a la venta". Comencemos hablando sobre la cantidad.

1. ¿Cuántos Pollos Puedes Tener?

No se puede enfatizar con mayor rotundidad que el hacinamiento es la causa número uno de las muertes relacionadas con el estrés en los pollos. La gente que apenas está aprendiendo a tener aves de corral siempre subestima cuánto espacio necesitarán sus aves.

Si vas a tener tus pollos sedosos en el exterior en algún tipo de gallinero (Consulta el Capítulo 2: Cómo tener Pollos Sedosos en el Patio Trasero para mayor información sobre estos entornos), el espacio mínimo necesario por ave es de 4 pies^2 (0.37m^2)

Los pollos de casa son, por supuesto, una cuestión totalmente diferente. La mayoría de la gente, sin importar cuánto quieran a sus pollos sedosos, no quiere que haya una bandada de pollos corriendo por la sala.

Si vives en un departamento, lo máximo que puedes tener son dos aves. Tienes que considerar no solo el espacio disponible, sino también las reglas de tu condominio o asociación de propietarios, así como ser considerado con tus vecinos.

Los pollos sedosos son muchos más tranquilos que la mayoría de las aves de corral, pero de todos modos pueden chillar y hacer alboroto si se sobresaltan o espantan. Si vives en un departamento, ni siquiera consideremos tener un gallo.

2. Huevos Fertilizados, Polluelos, o Aves Adultas

Para entender más sobre el proceso involucrado en la incubación de huevos y empollar polluelos, consulta el Capítulo 7: Crianza y Reproducción de Pollos sedosos.

Lo más importante es darse cuenta de que si comienzas con huevos, necesitarás una incubadora, y pasarán de 19 a 21 días antes de que los pollitos salgan del cascarón.

Veinticuatro horas después de que salgan del cascarón, los pollitos tienen que pasarse a una incubadora temporal, donde permanecerán por lo menos un mes, o hasta que aparezcan las plumas de adulto y puedan regular su propia temperatura corporal. También puede ser necesario el empollado si compras pollitos vivos localmente o en línea. (El Capítulo 7 también contiene información sobre lo que involucra el empollado de pollitos.)

Capítulo 4: Comprar Pollos Sedosos o Huevos Fertilizados

Si tienes la posibilidad de comprar pollos jóvenes, puedes saltarte el trabajo que involucra la incubación y el proceso de empollado. Los pollos sedosos son unas aves tan amistosas y cariñosas que es posible que desarrollen una relación y empatía con uno independientemente de su edad. Solo asegúrate de que tengas listo todo lo que necesitas antes de llevar tu nueva mascota a casa.

Si vives en una zona donde tienes acceso a granjas y criaderos, podrás elegir un par de pollos sedosos adultos que puedes tener como mascotas por aproximadamente $20 a $120 dólares (£13.18 a £131.83) por pareja. (Las aves para exhibición son más caras y los precios varían mucho.)

El *American Silkie Bantam Club* puede darte una lista de criadores de pollos sedosos en tu localidad si contactas al grupo por medio de su sitio web en americansilkiebantamclub.org. En el Reino Unido, ponte en contacto con *The Silkie Club of Great Britain*.

3. Comprar Pollitos Sedosos En Línea

Cuando compras pollos sedosos en línea, el criadero te proporcionará una lista de las variedades que comercializan, refiriéndose al color y, si aplica, a la barba. Entonces, es posible que veas una lista para "Gallina Sedosa Barbuda Azul". Debe haber una fotografía del ave para darte una idea de la calidad de los pollos ofrecidos por el criadero en cuestión.

Espera ver listados para: Pollos sedosos negros, Pollos sedosos blancos, Gallos sedosos bantam (miniatura), Pollos sedosos azules, Aves sedosas, Gallos sedosos bantam azules, Pollos sedosos color ante, Polluelos sedosos, Pollos sedosos barbados, Pollos sedosos color ante, y frases similares.

Las Declaraciones de sus Políticas deberán aparecer anexas a la página del listado. Por ejemplo, "Cinco aves como mínimo por cada variedad de raza y color. Enviamos polluelos sin seleccionar

Capítulo 4: Comprar Pollos Sedosos o Huevos Fertilizados

de 1 día de edad. El paquete llegará a su oficina postal en 2 a 3 días."

(Ten en cuenta que muchos criadores no enviarán polluelos de menos de 4 meses de edad y muchos no enviarán las aves por correo durante los calurosos meses de verano.)

Polluelos sin seleccionar, se refiere a un grupo de pollitos que no fueron separados por género. No le creas a un criadero que afirme que garantiza el sexo de los pollitos sedosos que envían. Es imposible determinar el género de estas aves hasta que tienen 6 a 8 meses o más de edad.

Cualquier criadero que diga que envía puros pollitos hembra también debe ofrecerte una política de reemplazo de gallos. Generalmente, dicha política dice en ese sentido: "Ofrecemos una política de reemplazo por una sola vez sin cargo de envío. Esta garantía vence 6 meses después de la fecha de compra. Los pollitos de reemplazo tendrán la misma edad o serán más jóvenes que los del pedido original, y pueden o no, ser del mismo color dependiendo de la existencia actual."

El costo típico de un polluelo sedoso es de $3.50 dólares (£2.31) por pollito. El precio tiende a bajar si aumenta el número de pollitos del pedido.

Cuando compras pollos vivos en línea, las aves serán enviadas por algún tipo de correo exprés. Normalmente, las cajas contienen de 1 a 6 polluelos, pero pocos criaderos de renombre enviarán un solo pollo, especialmente en el caso de una raza tan sociable como la de los pollos sedosos.

Es necesario que calcules que el envío llegue entre semana para que puedas recoger a tus aves tan pronto como sea posible en la oficina postal. Si te van a entregar los polluelos en tu caso, es crucial que haya alguien cuando llegue la caja, y que saques y atiendas a los polluelos tan pronto como sea posible.

4. Cómo Saber si los Polluelos Están Sanos

Cuando compres polluelos sedosos personalmente, asegúrate de que tengan una apariencia sana, los ojos brillosos y estén alerta. Toma el polluelo con cuidado y revisa su parte trasera, que debe estar esponjosa y limpia. Si está húmeda y sucia, no compres el pollito. Es posible que lo hayan tenido bajo condiciones de humedad y podría estar enfermo por el frío o tal vez no haya sido alimentado adecuadamente y está sufriendo problemas gastrointestinales. Incluso si otro pollo en el mismo grupo se ve bien, ten cuidado. Las enfermedades de las aves de corral en los polluelos son sumamente contagiosas y generalmente son fatales.

Procura no elegir un ave cuyas plumas estén separadas o cuyas alas estén separadas del cuerpo. Esto podría ser síntoma de una deficiencia nutricional. Cuando los pollos no consumen suficiente proteína en su dieta, están alicaídos y sus plumas crecen lentamente. Cualquier evidencia de sangre en sus heces es señal de coccidiosis.

5. Precauciones Con Los Polluelos de Criadero

Los pollos sedosos que venden los criaderos generalmente son de una calidad más baja, y es más probable que tengan malformaciones en las patas. Esto es consecuencia de una bandada mal gestionada. Solo los pollos que tienen una salud perfecta y son alimentados con una dieta correcta producirán huevos de alta calidad. Si estás buscando un pollo sedoso con calidad de exhibición, es mucho mejor que acudas con un criador.

Aunque la endogamia es común entre las aves de exhibición, es mucho más fácil evaluar la calidad de los pollos de un criador a partir de su exitosa trayectoria en las exhibiciones, y por su apariencia física. La mayoría de los criadores venderán pollos sedosos con calidad de mascotas a una tasa muy reducida porque aman a estas aves y quieren que vayan a un buen hogar. Si quieres

Capítulo 4: Comprar Pollos Sedosos o Huevos Fertilizados

un ave con calidad de exhibición, deberás esperar de 4-6 meses antes de que el criador esté dispuesto a soltar los polluelos.

Capítulo 5: Cuidado Diario de los Pollos Sedosos

El cuidado diario del pollo sedoso implica que le proporciones alimento y agua todo el tiempo y te asegures de que vive en un entorno bien mantenido. El aseo y mantenimiento involucra empolvar tus pollos para mantenerlos libres de parásitos, bañar al ave, o incluso recortar su pico y uñas de las patas.

Sin embargo, lo maravilloso de los pollos sedosos, es que están dispuestos a cooperar con casi todo lo que necesitas hacer para y con ellos. Son unas creaturas maravillosamente dóciles y de hecho disfrutan mucho la interacción. Sorprendentemente, estas encantadoras mascotas son tan receptivas al baño, que algunos dueños reportan que sus aves ¡se duermen durante el proceso!

1. Alimento y Agua, Disponibilidad y Recipientes

Tus pollos deben tener a su disposición alimento y agua en todo momento.

El diseño típico de un alimentador que contiene mezclas comerciales es un receptáculo central que se pone en una bandeja o tapa, con compartimientos individuales de alimentación. Destornilla la tapa para permitir el llenado del receptáculo. Cuando regreses la tapa a su lugar, el alimentador queda con el lado derecho hacia arriba y la fuerza de gravedad atrae los granos hacia los compartimientos. Puedes pagar de $20 a $30 dólares (£13.08 a £19.77) por una de estas unidades. Hay en plástico y metal.

Se usa el mismo estilo para los dispensadores de agua para pollos, que se pueden conseguir en la misma gama de precios. Algunas personas usan dispensadores de agua de "bola" o de "pezón", que son similares a los que se usan para conejos y conejillos de indias. Los pollos necesitan agua fresca y limpia todo el tiempo, así

Capítulo 5: Cuidado Diario de los Pollos Sedosos

busca algo de acuerdo a las necesidades de tu pollo y que puedas mantener lleno fácilmente.

Cuando utilices un gallinero o un patio, eleva los recipientes hasta la altura de la espalda del pollo para evitar que los contaminen con heces y basura. Los pollos son omnívoros que escarban en busca de comida. Pasan días escarbando y picoteando en busca de alimento, por eso el recipiente de su alimento debe estar lleno todo el tiempo, y siempre deben tener agua fresca y limpia a su disposición.

La contaminación debida al escarbado es un problema menor con los pollos de casa. Solo asegúrate de que el ave tenga libre acceso tanto a su comida y agua durante todo el día.

Guarda la comida de tu pollo en recipientes metálicos para que no se humedezca o atraiga a los ratones, roedores e insectos. Desecha cualquier alimento que se haya enmohecido o que muestre cualquier señal de actividad de parásitos.

2. Tipos de Alimentos para Tus Pollos

El alimento que elijas para tu pollo sedoso dependerá de la edad del ave.

Si tienes polluelos incubados que NO han sido vacunados contra la coccidiosis (consulta el Capítulo 6: Información General de la Salud del Pollo Sedoso para mayores detalles), deberás elegir un alimento de iniciación medicado.

Si tus pollos FUERON vacunados, elige un alimento no medicado. ***Esto es extremadamente importante.*** Si usas alimento medicado con polluelos que fueron vacunados contra la coccidiosis, el alimento anulará el efecto de la vacunación.

Capítulo 5: Cuidado Diario de los Pollos Sedosos

Alimentos de Iniciación

Comienza con una mezcla de iniciación que tenga entre 18-20% de proteína. Hay muchos alimentos de iniciación para pollos en el mercado, algunos cuestan menos de $25 dólares (£16.48) por cada saco de 50 lb. (22.67 kg).

Un producto típico como *Manna Pro Chick Starter Feed* viene en bolsas de 5 lb. (2.26 kg) por aproximadamente $6.95 (£4.58). Este es un alimento medicado diseñado para ser el único alimento de polluelos de 0 a 8 semanas. Es una mezcla de granos y productos vegetales con suplementación de cobre, por lo que no debe darse a ninguna especie sensible al cobre como las ovejas.

Alimentos para Desarrollo y Terminado

Después de 18 semanas, la mayoría de la gente cambia a un producto de nutrición para "crecimiento y terminado" como *Purina Flock Raiser SunFresh Recipe*. Está hecho de ingredientes basados en vegetales y está libre de cualquier proteína y grasas animales. La mezcla está disponible en gránulos y migajas. Como los pollos sedosos son aves pequeñas, tienden a preferir el alimento en migajas. Mantén a tus aves con esta mezcla hasta la semana 22 de vida.

Un saco de 5 lb. (2.26 kg) de *Flock Raiser* se vende por aproximadamente $5 dólares (£3.30).

Alimentos para Adultos

Los pollos adultos necesitan 16-18% de proteína para vivir. Aunque las gallinas sedosas no son grandes ponedoras, producen solamente alrededor de 3 huevos a la semana, es perfectamente adecuado alimentarlas con una mezcla estándar para aves de postura como *Purina Layena*, que también viene en la *SunFresh Recipe* tanto en gránulos y migajas en el mismo rango de precios ($5 dólares (£3.30) por saco de 5 lb. (2.26 kg))

Capítulo 5: Cuidado Diario de los Pollos Sedosos

Nota: Si a tus pollos no les gusta ninguno de los principales productos comerciales mencionados, existen muchos alimentos comerciales en el mercado. Solo presta atención si el producto es apropiado para la edad del ave y en el contenido de proteína.

Gravilla

Adicionalmente, tus aves necesitan gravilla, que es una mezcla de piedra caliza y granito. Esta les ayuda a digerir su alimento. Revisa las etiquetas, pero los alimentos comerciales ya deben contener gravilla. Si permites que tus aves salgan a picotear y a escarbar, picotearán pequeñas piedras por su cuenta.

No obstante, ten cuidado con cualquier inflamación de la pechuga, eso indica que su buche está bloqueado. (El buche es una bolsa de músculo adyacente al esófago donde se almacena la gravilla con el fin de suavizar el alimento del pollo antes de que pase al estómago y al sistema digestivo.)

Recompensas para Tus Pollos Sedosos

Uno de los aspectos más fáciles de tener pollos sedosos es que comen casi cualquier cosa, así que es muy fácil enriquecer su dieta con recompensas que salen de tu propia cocina. Algunas recompensas particularmente buenas para tus pollos incluyen:

- Plátanos (pelados), son una fuente excelente de potasio.
- Bayas de todo tipo. (Si alimentas a tus pollos con fresas, enjuágalas muy bien porque es una fruta que se fumiga mucho.)
- Las uvas son una gran fuente de diversión porque a los pollos no solo les gustan, sino que también tienen a jugar con ellas.
- La lechuga y la col rizada son excelentes, pero no uses la lechuga romana simplemente porque tiene poco valor alimenticio.
- Melones, calabazas con semillas. (Les encantarán a tus pollos.)
- Pasta o macarrones cocidos son un gran favorito.
- Avena cocida.

- Palomitas de maíz sin sal ni mantequilla.
- Semillas de girasol.
- Yogurt natural.

Dales pan a tus pollos con moderación. No necesitan mucho almidón, pero si tienes costras de pan de caja o un trozo de pan rancio, no hay problema.

Además, puedes comprar grillos y gusanos de harina vivos en la tienda de mascotas y verás cómo tus Pollos sedosos hacen lo que saben hacer mejor, ¡cazar insectos!

Limpia rápidamente después de darles a tus pollos cualesquiera de estas recompensas, ya que no quieres que queden sobras en descomposición dentro de su gallinero.

Nota Especial sobre la Alimentación: En los Estados Unidos, los estados del sur y el oeste sufrieron severas condiciones de sequía que comenzaron a finales de 2011 y continuaron hasta 2012. Como resultado de su debilitada condición, las cosechas de maíz sobrevivientes fueron sumamente contaminadas con alphatoxinas y micotoxinas, que son extremadamente peligrosas para las aves de corral. Los alimentos comerciales usualmente incluyen absorbentes de toxinas para eliminar los problemas con estos contaminantes, pero es importante que revises las etiquetas. Algunos dueños de pollos sedosos muelen sus propios granos para dárselos como alimento. Si lo haces, debes agregar a la mezcla productos absorbentes de toxinas que puedes comprar en la tienda de alimentos de tu localidad.

3. Limpieza del Habitáculo

No hay mejor garantía para la salud de tu pollo que una limpieza diaria y a fondo de su habitáculo y gallinero. Los pollos sedosos son especialmente susceptibles a tener problemas en sus patas, ya que a los parásitos les encanta esconderse en sus patas emplumadas y en sus dedos. No permitas que la tierra y el lecho sucio de su nido se acumulen en el suelo de su habitáculo. Este material se incrustará debajo de sus uñas y formará un caldo de cultivo para organismos microscópicos y las enfermedades que provocan.

El habitáculo del pollo debe estar bien ventilado, sin zonas donde se pueda acumular la humedad. Desecha el lecho sucio y excrementos todos los días, y asegúrate de que el pollo tenga un lugar para posarse lejos del suelo por la noche. Trata los habitáculos externos mensualmente contra los parásitos, incluyendo ácaros y piojos. Elige tierra de diatomeas, que no es tóxica, o un polvo insecticida agrícola como el polvo Sevin.

4. Cuidado Estacional

Los pollos sedosos la pasan extraordinariamente bien durante los meses fríos, pero son sumamente susceptibles al calor. Si vives en una zona donde las temperaturas diarias se elevan hasta los 90°F (32.2°C) o más, asegúrate de que tus aves tengan mucha agua fría y fresca, y considera sumar un nebulizador y un ventilador a su habitáculo. Algunos criadores instalan aire acondicionado en los gallineros donde tienen a sus pollos de exhibición.

Obviamente, esto no es una preocupación para los pollos de casa, pero ten en cuenta de que todas las aves son propensas a sufrir enfermedades respiratorias, y no deben dejarse en lugares con corrientes de aire o permitir que cojan un resfriado.

5. Monitoreo de la Salud de tus Pollos

La principal ventaja de monitorear la salud de un pollo sedoso es la gran receptividad de la raza a ser manipulada. El solo hecho de tocar e interactuar con tus pollos diariamente te dará una mejor oportunidad de detectar cualquier problema de salud en etapas tempranas.

Capítulo 5: Cuidado Diario de los Pollos Sedosos

Siempre observarás un mayor problema con ácaros y piojos en los meses más calurosos. Las aves que tienen la oportunidad de tomar baños de tierra, o las que se bañan regularmente no deberían tener mayores problemas con los parásitos, pero sigue siendo buena idea tratar los corrales y gallineros con tierra de diatomeas o un insecticida en polvo durante la primavera y el verano.

Esta también es la época del año en la que deberás estar especialmente vigilante para buscar en las patas emplumadas de tus pollos cualquier señal de ácaros "de las patas escamosas", que pueden provocar comezón, hinchazón y sangrado. (Consulta el Capítulo 6: Información General de la Salud del Pollo Sedoso para una descripción completa de este problema.)

Observa el comportamiento general de tu ave. Cualquier síntoma de letargo, poco apetito, pérdida inexplicable de plumas, o secreción de los ojos o pico, debe ser evaluado de inmediato. Mantén sus heces lejos de los recipientes del alimento y el agua, y limpia el habitáculo y gallinero diariamente. No permitas que se acumule la humedad, ya que es donde prosperan muchos organismos peligrosos.

Cualquier señal de sangre en las heces u orina es un síntoma seguro de enfermedad, como la Coccidiosis, que puede ser fatal en tan solo seis días. (Consulta el Capítulo 6 para una discusión más completa de esta y otras enfermedades comunes en los pollos.)

6. Mantenimiento y Aseo

Las necesidades primarias de aseo que deberás satisfacer para tu pollo involucran el recorte de pico y uñas. Esto último es especialmente importante ya que los Pollos sedosos tienen un quinto dedo. El baño no solo es necesario en las mascotas, es esencial en las aves de exhibición. También debes mantener la cresta esponjosa del ave en forma, ya sea para garantizar que está limpia para una exhibición, ¡o para que el ave pueda ver para donde va!

Limado del Pico de tu Pollo

Los pollos que pueden estar al aire libre tallarán sus picos contra las piedras y superficies rugosas para mantenerlos recortados y tallados. Los pollos de casa pueden necesitar tu ayuda con esta tarea.

En la mayoría de los casos una lima de uñas de buena calidad o una gurbia muy fina es suficiente para recortar y darle forma al pico. Sin embargo, ten cuidado de no pasarte. El pico es un órgano muy vascular y sangrará.

Si alguna vez le has cortado las uñas a un perro o a un gato y cortaste la carne viva, comprenderás que no solo lastimas al animal, sino que también terminarás con una alarmante cantidad de sangre. Por este motivo, muchas personas que tienen pollos de casa prefieren buscar la ayuda de su veterinario cuando llega la hora de limar el pico de su mascota.

Capítulo 5: Cuidado Diario de los Pollos Sedosos

Cortado de las Uñas de Tus Pollos

Los pollos sedosos son únicos en el mundo de las aves de corral no solo por sus suaves plumas, sino también por su quinto dedo, que raramente toca el suelo. En el caso de los pollos que están en el exterior, el escarbado se encarga de su pedicura, pero incluso los pollos sedosos de exteriores pueden necesitar que se corte la uña del quinto dedo. Si la uña crece mucho, el ave no podrá caminar bien. Si tienes un gallo, también debes recortar sus espolones.

Al igual que cualquier animal con uñas en los dedos, la uña del pollo tiene carne viva vascular que sangrará. Siempre corta adelante de la carne viva. Usa corta-uñas diseñados para perros, o un corta-uñas muy fuerte para humanos. Si no puedes ver la carne viva en las uñas más oscuras, mira la uña desde la parte inferior, o presiona una linterna contra la uña. Siempre recorta de manera conservadora.

Si te preocupa cortar la carne viva, recorta la uña un poco cada dos semanas. Los pollos sedosos son aves muy dóciles. Les gusta ser manipuladas y rápidamente se acostumbrarán a todo el proceso.

El Bañado de Tu Pollo

Los pollos sedosos son increíblemente cooperativos cuando los tienes que bañar. Ciertamente, este en un proceso necesario para los pollos de exhibición, pero también es algo placentero para los que son mascotas familiares. El baño también ayudará a eliminar ácaros mientras acondiciona la piel del ave y la mantiene libre de cualquier contaminante.

Para bañar a tu pollo necesitarás dos tinas de agua que tengan una profundidad suficiente como para sumergir el ave hasta su pescuezo.

Capítulo 5: Cuidado Diario de los Pollos Sedosos

El agua debe estar agradablemente templada, no caliente.

Usa un champú suave. Uno que esté diseñado para perritos o gatitos está bien, pero ninguna fórmula "sin lágrimas" funcionará. Además, ten un poco de vinagre blanco a la mano.

Ten a un lado 1 o 2 toallas, un secador de cabello, un cepillo de dientes suave, y vaselina sin olor.

Agrega una pequeña cantidad de champú a la primera tina y mezcla hasta que se forme una buena cantidad de burbujas. Con cuidado coloca tu pollo sedoso en la tina y masajea el agua tibia jabonosa en las plumas, trabajando en la dirección de su crecimiento. Presta atención especial a la zona debajo de las alas y alrededor del ano.

Usa el cepillo de dientes para tallar suavemente las patas y debajo de las uñas.

La segunda tina debe estar llena con agua tibia limpia. Agrega un poco de vinagre, el cual elimina el aceite y los residuos de las plumas.

Coloca gentilmente el pollo en la tina y vierte el agua tibia limpia sobre el ave, evitando la cabeza, hasta que hayan desaparecido todos los restos de champú. En caso necesario, cambia el agua de enjuague por otro tanto limpio. Ten cuidado de que el ave no se enfríe.

Cuando las plumas del pollo estén bien enjuagadas, envuelve el ave en una toalla y seca las plumas con palmaditas lo más posible. En este punto, ¡es posible que tu pollo sedoso esté tan relajado que se haya quedado dormido!

Cuando hayas secado el ave tanto como sea posible con la toalla, usa la secadora con el ajuste más bajo para terminar de secar las plumas y esponjarlas. Quedarás sorprendido cuando descubras que a los pollos sedosos no les molesta en lo más mínimo el sonido de la secadora de pelo, y que disfrutan mucho el aire tibio y las palmaditas.

Cuando el ave esté completamente seca, cubre ligeramente las patas y las uñas con vaselina como si fuera crema humectante, y como protección contra parásitos como los ácaros de las patas escamosas.

Mientras que el aseo de los pollos de exhibición puede ser más complicado, y extenderse a mantener sus crestas cuidadosamente atadas hacia atrás con cinta para estilista, cualquier pollo mascota se beneficiará y disfrutará de la atención de un día en el "spa".

Cuidado de la Cresta de Tu Pollo Sedoso

Como se mencionó anteriormente, la gente que tiene pollos sedosos de exhibición a menudo atan o pegan sus crestas hacia atrás para que las plumas no se manchen. Una vez que las plumas blancas se manchan, es muy difícil que vuelvan a quedar como nuevas. Sin embargo, más allá de ese problema la cresta de tu pollo sedoso ¡puede intervenir con la habilidad de tu ave para ver! Si esto sucediera, sostén el ave en tu regazo, y gentil y lentamente haz hacia atrás los extremos largos de las plumas de la cresta. No dañarás al ave si aseguras sus plumas.

7. Cómo Manejar El Estrés en el Entorno

A menudo cuando los pollos tienen problemas de salud, es porque están reaccionando al estrés de su entorno. Los síntomas de estrés incluyen picoteo de las plumas, picoteo del ano y que se coman los huevos. Para la mayoría de las razas, el manejo excesivo es el estresante número uno. Afortunadamente, este NO es el caso con los pollos sedosos. Estas aves son las más amistosas de todas las razas y de hecho prosperan cuando interactúan con los humanos. Son leales y cariñosos hasta el punto de que siguen a su gente para ver que está pasando. Es más probable que los pollos sedosos se estresen con cosas como:

Capítulo 5: Cuidado Diario de los Pollos Sedosos

- La repentina introducción de pollos nuevos en su entorno.
- Alimento y agua insuficientes.
- Calor extremo.
- Puesta de huevos.
- La presencia de otros animales que los molesten.
- Condiciones de hacinamiento.

Las aves que tienen una cantidad adecuada de espacio, que son alimentados con una dieta bien balanceada, y que viven en jaulas limpias y bien mantenidas por lo general están felices y están libres de estrés. Como regla general, introduce lentamente a tu pollo sedoso a experiencias nuevas. Conoce la personalidad de tu ave, y no vayas más allá de sus niveles de tolerancia para cosas como el ruido, los movimientos bruscos o la presencia de otros animales.

Los pollos sedosos son animales dóciles y cooperativos, lo que los vuelve mascotas maravillosas, tan solo se sensible a las necesidades de tu pollo. El ave no puede hablar, pero si comienza a mostrar señales de angustia y agitación, el mensaje es claro como el agua. Está pasando algo que está estresando al animal. Si no se atienden, los niveles altos de estrés pueden causar la muerte en los pollos, así que pon atención a las reacciones de tu ave ante el mundo que lo rodea y actúa en consecuencia.

8. Costos Mensuales Aproximados

El costo de tener pollos es sorprendentemente mínimo después de la inversión inicial en un receptáculo y un gallinero para las aves. Incluso los sacos de grano y alimento que pesan hasta 50 lb. (22.68 kg) cuestan menos de $25 dólares (£16.48).

- Un saco de 50 lb. (22.68 kg) de grano quebrado Purina, que es un suplemento alimenticio para pollos adultos cuesta aproximadamente $23 dólares (£15.16).
- El *"Start & Grow" Recipe* del mismo fabricante cuesta en promedio $22 dólares (£14.50) por 50 lb (22.68 kg)

Capítulo 5: Cuidado Diario de los Pollos Sedosos

- La mezcla *Flock Raiser Sun Fresh Crumble* cuesta $22 dólares (£14.50) por 50 lb (22.68 kg)

Si solo tienes 3 o 4 pollos, cualquiera de estos productos, que se conservan bien, te durarán de 3 a 4 meses. Como los pollos son omnívoros, su dieta puede enriquecerse con sobras de la comida, además también comerán, y disfrutarán, insectos.

Entre los gastos únicos que ya se discutieron podríamos incluir:

- Un pañal para pollos de interiores $25 - $30 dólares (£16.48 - £19.77).
- Un arnés y correa $12 - $20 dólares (£7.91 - £13.18)

Los pollos sedosos se pueden transportar fácilmente en el mismo tipo de jaulas transportadores que se usan para los perros y gatos, que en promedio cuestan entre $25 a $50 dólares (£16.48 a £32.96)

Mientras que los gallineros y receptáculos pueden variar entre $200 y $2000 (£131.83 y £1318.30) dependiendo de su tamaño y complejidad, los alimentadores y dispensadores de agua pueden comprarse por aproximadamente $20 dólares (£13.18) cada uno.

Sacando de la ecuación el gasto del receptáculo, el costo inicial del equipo es de solo $100 a $150 dólares (£65.92 a £98.87)

Capítulo 6: Información General de la Salud del Pollo Sedoso

Entre más familiarizado estés con tu pollo sedoso y su personalidad, más fácil te resultará monitorear la salud de tu mascota y detectar posibles enfermedades.

1. Señales de Advertencia de Enfermedad

Presta atención a los ojos de tu pollo. No solo busques señales de secreción, también comprueba que tengan es mirada curiosa y brillosa que es el sello distintivo de la raza Sedosa. Cuando los ojos de un pollo muestran aburrimiento y apatía, y el animal no parece alerta ni interesado, es probable que algo no esté bien. Otros factores que debes considerar son:

- Estado de las plumas, especialmente las plumas de la cola. Una cola caída es señal de advertencia.

- Apetito y sed. ¿El ave está comiendo y bebiendo normalmente?

- ¿Sacude la cola hacia arriba y abajo cuando respira? De ser así, el animal tiene un problema respiratorio.

Capítulo 6: Información General de la Salud del Pollo Sedoso

- ¿Cuál es el color de la cresta y la carúncula? ¿Están pálidas o con manchas?

- ¿Hay bultos o anormalidades físicas en el cuerpo? Si esto ocurre en la pechuga, podría ser que el buche está bloqueado.

- ¿Sale alguna secreción de los ojos o pico?

- ¿El ave se está picando a sí mismo o arrancando sus propias plumas?

- ¿El ave está mudando en la época incorrecta del año?

- ¿El pollo está siendo picoteado por las otras aves? Un pollo enfermo literalmente puede ser picoteado hasta la muerte por los otros miembros de su misma especie.

Cualquier cambio en el comportamiento, actitud y apetito es motivo de preocupación, y debe ser evaluado.

Se han escrito libros enteros sobre las enfermedades comunes en las aves de corral. Las enfermedades que encontrarás con mayor probabilidad en tus pollos sedosos son la coccidiosis, infestaciones de ácaros y piojos, ácaros de la pata escamosa, enfermedad de Marek, hidrocefalia, micoplasma y salmonela.

2. Coccidiosis

La coccidiosis es la más común y costosa de todas las enfermedades en los pollos. En las grandes granjas de aves de corral, aproximadamente 10 o 20 de cada 100 animales se verán afectados por estos microscópicos protozoarios parásitos, que están presentes en los excrementos de los pollos. Cuando un pollo se traga las heces, el coccidio invade los intestinos y comienza a desarrollarse.

La infección puede ocurrir a cualquier edad; sin embargo, los pollos de 4 a 8 semanas tienen el mayor riesgo de sufrirla, por eso muchos criaderos y criadores vacunan a sus pollos contra la coccidiosis o usan alimento medicado. (Ten en cuenta que no puedes hacer ambas cosas a la vez. Si tus pollitos fueron vacunados, el alimento medicado anulará el efecto de la vacunación.)

La coccidiosis sigue un curso de 6 días, pero los síntomas aparecen hasta el día 3 o 4 cuando el ave se torna apática, deja de comer y comienza a agitar sus plumas sin razón aparente. El mayor número de muertes ocurre en el quinto día, cuando aparece sangre en el excremento y el ave sufre un agudo malestar físico. Si el pollo vive hasta el sexto día, superará los crecimientos en sus intestinos y probablemente sobrevivirá.

Además de vacunar a las aves jóvenes o usar alimentos medicados, es vital mantener tanto el alimento como las fuentes de agua libres de excremento. No hacines el gallinero, este debe tener buen mantenimiento con un lecho seco y buena ventilación cruzada.

3. Ácaros y Piojos

Los pollos, al igual que todas las aves, son propensos a sufrir infestaciones de ácaros y piojos, especialmente si los mantienes en el exterior. Cada dos semanas, revisa que no haya debajo de las alas y alrededor del ano, grupos de huevos del parásito en la base de las plumas. Si los pollos están infestados con ácaros rojos que son nocturnos, las aves se tallarán en sus dormideros en respuesta a la irritación. La descamación de la cara, cresta y carúncula indica la presencia del ácaro del norte de las aves de corral.

Cuando están presentes ácaros o piojos, todo el gallinero debe limpiarse y espolvorearse a fondo, también las aves deben espolvorearse, dando un segundo tratamiento 10 días después. El insecticida comercial en polvo Sevin se ha usado desde hace mucho tiempo como tratamiento estándar del gallinero y el ave; sin embargo, el producto ha sido vinculado con una disminución de la población de abejas mieleras, y existe la preocupación de que los químicos que contiene se transfieran a la carne del ave.

Una segunda opción es usar polvo contra pulgas para gato o perro, que contiene permetrina; pero, también es una toxina potencial, que puede filtrarse a los huevos. Los efectos adversos debidos al uso de polvos comerciales contra pulgas en los perros y gatos, hacen que muchos dueños de pollos estén reacios a usar el polvo.

El tratamiento actual preferido, aunque es de acción más lenta que los agentes químicos, es la tierra de diatomeas, es un polvo fino de granito que corta el exoesqueleto de los parásitos y los mata. Se puede usar con absoluta seguridad en las aves y no tiene propiedades tóxicas.

4. Ácaro de las Patas Escamosas

Este ácaro microscópico (*Cnemidocoptes mutans*) es común en los pollos sedosos debido a sus patas emplumadas. El parásito se esconde debajo de las escamas de la pata del pollo haciendo que se eleven. Las células de la piel y el excremento del ácaro crean una costra blanca que pica parecida a la sal. Las patas sangrarán y se hincharán, causándole molestias al ave, afectando su capacidad para caminar. Si no se atiende, se afecta la circulación sanguínea en la pata. La pata se deformará y podría ser necesario cortarle los dedos al ave.

El tratamiento recomendado es usar vaselina común que se vende en la farmacia para suavizar la costra. Usa aceite para bebé para aliviar la picazón y hacer que el pollo esté más cómodo. Después de una semana, baña las patas del pollo con agua tibia jabonosa. No uses champú para mascotas ni fórmulas "sin lágrimas" para humanos, porque no funcionarán.

Usa un cepillo de dientes suave para aflojar con cuidado las costras y eliminarlas. Para si las patas comienzan a sangrar. Después del baño, llena una jarra de cuello ancho con alcohol.

Capítulo 6: Información General de la Salud del Pollo Sedoso

Sumerge cada una de las patas del pollo en el alcohol durante 30 segundos. Repite todo este proceso una vez a la semana por tres semanas.

Trata la casa de los pollos con un polvo contra ácaros diseñado para aves de corral y cubre ligeramente los postes de las aves con aceite vegetal. Los ácaros se reproducen en condiciones de humedad. Procura que el gallinero esté bien ventilado y elimina cualquier lecho de paja húmeda, ten cuidado de que no se vuelva a acumular.

5. Enfermedad de Marek

La Enfermedad de Marek es común en la raza Sedosa. La enfermedad es provocada por un virus de la familia herpes que ataca el tejido linfático, provocando el crecimiento de tumores y daños en los nervios periféricos. Normalmente, una de las alas y una de las patas se paralizarán, y el ave podría quedar ciega. A menudo las piernas temblarán, y el pescuezo del ave podría torcerse (torticolis). Otros síntomas incluyen aumento en la muda, disminución en la producción de huevos, y desorientación.

La infección ocurre cuando el ave inhala residuos de pluma o "caspa" que contienen el virus. Debido a que está en el aire, el virus puede propagarse a una distancia considerable de la gallinería infectada en la propiedad contigua.

Una vez que está en el sistema del ave, el virus se afianza rápidamente y después permanece inactivo entre uno y seis meses, hasta que los síntomas aparecen en respuesta a algún agente estresante. Las gallinas infectadas con el virus, por ejemplo, pueden comenzar a mostrar los síntomas después de poner huevos.

Los antibióticos pueden aliviar algunos de los síntomas de los pollos, pero la muerte es el resultado más probable de la Enfermedad de Marek. Las aves que sobreviven se vuelven

Capítulo 6: Información General de la Salud del Pollo Sedoso

portadoras del virus, por eso la mejor solución para salvar al resto de los pollos es sacrificar a las aves afectadas.

Los pollos sedosos deben vacunarse subcutáneamente (por debajo de la piel) contra la Enfermedad de Marek cuando tienen un día de vida, con un refuerzo a las dos semanas. Las aves jóvenes deben mantenerse separadas de los pollos más viejos hasta que tengan 5 meses de edad para permitir que se desarrolle su resistencia natural. La Enfermedad de Marek se observa con menos frecuencia en climas más fríos.

6. Hidrocefalia

Los pollos sedosos de alta calidad tienen cráneos abovedados que acentúan sus crestas emplumadas. En los polluelos, este domo parece una protuberancia grande arriba de la cabeza, y a menudo los dueños nuevos la confunden con una deformidad congénita, o incluso con un tumor. Este agrandamiento de la cavidad craneal puede producir un exceso de fluido, que hace presión sobre el cerebro.

Los síntomas de la hidrocefalia incluyen caminar hacia atrás o caerse sin motivo aparente. Muchas aves giran en círculos, y luego se detienen abruptamente.

Las aves que muestran este tipo de comportamiento deben aislarse y alimentarse con una dieta líquida de perlas sumergidas en agua a través de una jeringa dos o cuatro horas durante el día. El pollo necesitará que un veterinario le inyecte un antibiótico y un antiinflamatorio.

El tratamiento puede durar hasta un mes antes de que disminuya la inflamación; sin embargo, en casos severos, el ave podría tener que ser sacrificada.

7. Micoplasma

Esta es una enfermedad respiratoria común altamente infecciosa que requiere de semanas de tratamiento con antibióticos. Es difícil de erradicar en una bandada, además los casos de recurrencia son altos. Los síntomas clásicos incluyen ojos hinchados, secreción de los ojos y pico, y estornudos.

Debido a que los senos nasales del ave están llenos, el pollo se vuelve letárgico y a menudo deja de comer. La deshidratación es un peligro serio, y es evidente si la piel de la carúncula se vuelve más pálida de lo normal. Frecuentemente la enfermedad es difícil de detectar hasta que las aves están demasiado débiles como para ser salvadas.

8. Toma de Precauciones Contra la Infección por Salmonela de Pollos Vivos

Es posible que los gérmenes de la Salmonela estén presentes en las heces del pollo así como en sus cuerpos, incluso cuando los pollos están limpios y están bien cuidados. La Salmonela vive naturalmente en los intestinos de muchos tipos de aves de corral y pueden enfermar a los humanos provocándoles dolores abdominales, diarrea, vómito y fiebre. Los bebés, niños pequeños y los ancianos, o cualquier con un sistema inmune debilitado, pueden ser susceptibles a dicha infección. Si la intoxicación por Salmonela se propaga al torrente sanguíneo, puede provocar la muerte si no se trata rápidamente con antibióticos.

La gente puede infectarse con Salmonela cuando maneja cualquier cosa que haya estado en contacto con los gérmenes y luego se toca dentro o alrededor de la boca. Las siguientes precauciones, tal como las esboza el Centro de Control de Enfermedades de los Estados Unidos, ayudarán a disminuir la probabilidad de que te contagies con la Salmonela de tus pollos sedosos.

- Después de manipular aves de corral vivas o cualquier cosa que esté en la zona donde las aves viven o deambulan, lávate escrupulosamente las manos con jabón y agua. Si no los tienes a tu disposición, usa un desinfectante de manos de alta calidad.

- No permitas que los niños menores de 5 años manipulen pollos sin supervisión.

- No comes ni bebas en la zona donde viven tus pollos o donde tengan la libertad de deambular.

- Si recoges los huevos de tus pollos, cocínalos muy bien. Los gérmenes de Salmonela pueden pasar de la gallina al interior de sus huevos.

- No permitas que las aves de corral entren a las zonas donde se preparan o consumen alimentos.

Siempre es mejor suponer que la Salmonela está presente que ignorar el riesgo. La mejor protección contra la contaminación accidental es limpiar regularmente a fondo el receptáculo de los pollos y todo el equipo que se usa en ellos.

9. Encontrar Veterinarios de Aves de Corral

En zonas rurales no será difícil encontrar un veterinario que te pueda aconsejar cómo monitorear la salud de tus pollos y tratar sus problemas. Muchos dueños de pollos se encargan de aprender solos las enfermedades de los pollos y a hacer frente a los procedimientos de tratamiento por su cuenta, ya que muchos remedios están bien establecidos con tasas de curación probadas.

En las zonas urbanas, donde los veterinarios están más acostumbrados a tratar perros y gatos, puede ser más difícil encontrar a alguien que pueda atender a un pollo mascota. Los dueños pueden ponerse en contacto con *The American College of Poultry Veterinarians* en www.acpv.info o la *World Veterinary*

Poultry Association en www.wpva.net para localizar veterinarios en su área.

Dado que artículos como los polvos contra ácaros y pijos, así como muchos antibióticos se pueden comprar en línea en tiendas de distribución de aves de corral y de suministros de alimentos, el costo de la atención médica de tu pollo debe ser mínimo a menos que se requiera una visita al consultorio del veterinario.

Por ejemplo, una bolsa de 10 onzas (283 g) de Amprol, un antibiótico utilizado para el tratamiento de la coccidiosis, normalmente cuesta $25 dólares en línea antes del envío. El Bacitracina, usado para el tratamiento de enfermedades gastrointestinales en pollitos, cuesta alrededor de $28 dólares.

Capítulo 7: Crianza y Reproducción de Pollos sedosos

Los pollos sedosos son unas de esas mascotas que hacen que sus dueños quieran más, o que tengan la experiencia de criar un pollo sedoso desde el nacimiento. La decisión de incubar y criar un pollo sedoso depende en gran medida del espacio disponible, de si vas a dejar que la gallina haga todo el trabajo o si vas a incubar huevos fertilizados por tu cuenta en una incubadora. Esta última decisión implica que compres equipo y te comprometas durante dos meses al cuidado de la incubación y empollado.

1. Incubación Natural contra las Incubadoras

Obviamente las gallinas sedosas, con sus excelentes instintos maternales, son las mejor calificadas para criar a un joven de su propia especie. Si tienes espacio para dejar que una de tus gallinas críe a los bebes, ¡hazlo! Ella amará la experiencia y tú también. Sin embargo, hay algunas razones de peso para incubar a tus pollitos a partir de los huevos fertilizados que hayas comprado.

Si tienes niños pequeños y parte de tu motivación para tener pollos es por el valor educativo de toda la experiencia, entonces comenzar desde cero es el camino a seguir. Si este es tu caso, debes comprender exactamente en qué te estás metiendo antes de hacer tu pedido de huevos de pollo sedoso.

2. Elección de la Incubadora

No hay un factor más importante en la incubación de pollos en una incubadora que la regulación de la temperatura. No compres una incubadora que no tenga un ventilador y un termómetro que se puedan calibrar. Además, consigue una unidad que sea fácil de limpiar. Si planeas incubar más de un juego de huevos, la incubadora debe limpiarse a fondo y desinfectarse. El cascaron de los huevos es sumamente poroso y se contamina fácilmente con gérmenes.

Después de la temperatura, la humedad es el siguiente factor ambiental más crítico. La incubadora estará equipada con bandejas para el agua, que deberás rellenar y mantener de acuerdo con las instrucciones del fabricante. Se recomienda que la incubadora se haga funcionar por lo menos una semana antes de colocar los huevos en su interior, para permitir que el ambiente interno de la unidad se estabilice.

Si elegiste una incubadora bien hecha, y si los huevos fertilizados que compraste son de alta calidad, espera una tasa de eclosión exitosa entre el 50 y el 85 por ciento.

Precios de una Incubadora

Las incubadoras vienen en dos estilos principales: de mesa y de gabinete. Su capacidad va desde unidades que pueden albergar 40-60 huevos hasta lo suficientemente grandes como para contener 120-140. Como regla general, los modelos de gabinete albergan el número más grande de huevos.

Si usamos el sitio web IncubatorWarehouse.com como fuente de los precios, el modelo *Little Giant Egg Incubator* por $67.50 dólares (£44.49) es un buen ejemplo de una unidad que sería aceptable para una pequeña cantidad de huevos. Tiene una capacidad para contener hasta 46 huevos, incluye un termostato electrónico, un control integrado de humedad, un termómetro de bulbo, y la opción de un ventilador para hacer circular el aire.

El hecho que tenga dos grandes ventanas para visualizar su interior la vuelve la unidad ideal cuando se tienen niños que tienen la curiosidad de saber que está pasando ¡en todo el proceso! (Esta compañía hace envíos internacionales, surten los pedidos en un periodo de tres días.)

Este rango de precio es un buen punto de partida para comparar cualquier incubadora que estés considerando. Lee todas las críticas pertinentes de los clientes, y asegúrate de que la unidad tenga todas las características necesarias para mantener adecuadamente el ambiente en toda la unidad de incubación. Algunas personas prefieren incubadoras con volteadores automáticos de huevos, pero prepárate para pagar más.

3. Incubación y Eclosión

Desde el momento en que colocas los huevos fertilizados en la incubadora hasta que los pollitos eclosionan, pasan de 19 a 21 días.

La temperatura dentro de la incubadora debe fijarse en 99.5 a 100°F (37.5 a 37.7°C) en el caso de una unidad de aire forzado y 101 a 102°F (38.3 a 38.8°C) en el caso de aire estático.

Durante los primeros 18 días, se debe añadir un poco de agua a la incubadora ya que la humedad requerida es de tan solo el 20 por ciento. Lo mejor es humedecer ligeramente los huevos cada dos días. En el día 18, la humedad debe aumentarse a un 65 por ciento.

Algunas incubadoras tienen volteadores automáticos para rotar los huevos. Si la tuya no los tiene, deberás rotarlos a mano varias veces al día durante los primeros 18 días, en ese tiempo los pollitos comienzan a tomar la posición adecuada para eclosionar.

Entre el Día 10 y el Día 21 escucharás que los pollitos emiten sonidos. No abras la incubadora cuando escuches a los pollitos. Liberar la humedad en la unidad podría provocar que los bebés queden atrapados dentro del cascarón.

Una vez que los polluelos hayan salido del cascarón, permíteles permanecer en la incubadora por 24 horas antes de pasarlos a la incubadora temporal (criadora) con el fin de proteger mucho mejor a los pollitos.

Capítulo 7: Crianza y Reproducción de Pollos sedosos

Una incubadora temporal (criadora) puede ser algo tan simple como una caja de cartón debajo de una lámpara de calentamiento. Lo más importante que debes aprender es que debido a que los pollitos solo están cubiertos por plumón, y no tienen plumas adultas, no pueden mantener su propia temperatura corporal. Necesitan tener "cuidados maternales" en un ambiente contenido durante el primer mes de sus vidas si quieren sobrevivir.

4. Empollado de los Polluelos Recién Eclosionados

Cuando decides criar pollitos a partir de huevos fertilizados, o compras polluelos recién eclosionados, te estás volviendo, en esencia, una mamá sustituta.

La incubadora temporal que instales y mantengas realiza artificialmente las funciones que llevaría a cabo una mamá gallina:

- proteger a sus bebés del peligro
- mantenerlos calientes
- protegerlos de los depredadores
- enseñarles a comer y a beber

Los polluelos recién eclosionados no pueden cuidarse solos. Además de los 19-21 días que pasaste atendiendo los huevos en la

Capítulo 7: Crianza y Reproducción de Pollos sedosos

incubadora, después debes cuidarlos un mes en la incubadora temporal.

Deben crecerles las plumas a los pollitos antes de que los puedas juntar con los demás pollos o introducir a un gallinero o para que actúen por su cuenta.

Costo de una Criadora

Como puedes hacer tu propia criadora, los costos son muy variables. Tal vez no gastes más de $20 dólares (£13.18) para conseguir una lámpara y una bombilla de incubadora de 250 watts. Sin embargo, esto no quiere decir que no puedas comprar un juego completo de criadora.

Si usamos el sitio web ChickenCoopMart.com como fuente para establecer un precio inicial, un juego básico de criadora de polluelos que incluye un "corral" de cartón de 18" (45.72 cm) de alto, una lámpara de incubadora con un atenuador, un gancho para colgarla, una bombilla infrarroja de 100 watts, un recipiente para agua de un cuarto, y un alimentador cuesta $54.39 dólares (£35.85).

(Por favor ten en cuenta que esta compañía solo hace envíos dentro de los Estados Unidos. Sin embargo, este paquete en un buen punto de comparación si vas a comprar un juego completo de criadora como una solución del tipo "todo en uno".)

Instalación de Tu Criadora

Una criadora no tiene que ser una unidad comercial elaborada. Puedes usar una caja resistente, o incluso bloquear una esquina que no uses en tu bodega. El área tiene que estar bien ventilada, pero los pollitos no deben estar sometidos a ninguna corriente de aire directa a nivel del suelo.

Lo que estás buscando es la mezcla perfecta entre movimiento de aire para mantener el área seca y el calor adecuado. De ser

Capítulo 7: Crianza y Reproducción de Pollos sedosos

necesario, puedes usar protectores contra corrientes de aire a nivel del suelo. Puedes usar unas sencillas tiras de cartón con este fin.

Inclusión de una Fuente de Calor

Como fuente de calor, suspende una resistencia eléctrica o una bombilla de calor sobre la zona. Idealmente, cualquier dispositivo tendrá un medio para regular la temperatura hacia arriba o hacia abajo. Si eliges una lámpara de calor, usa dos por si una se funde. Algunas personas usan luz infrarroja sobre la luz clara, pero ambas opciones parecen funcionar igualmente bien. Procura que tu lámpara no esté cerca de nada que pueda incendiarse y que no exista el riesgo de que le caiga agua al cable o cerca del enchufe eléctrico.

Protección de los Polluelos contra los Depredadores y del Exceso de Manejo

En esta etapa de la vida de los pollitos, las ratas también pueden ser un peligro para ellos, por lo que si tienes tu criadora en una bodega, asegúrate de que no haya actividad de roedores en la zona y que tampoco puedan entrar las serpientes. Obviamente, si la familia tiene un gato, el área de crianza le está estrictamente prohibida.

Si hay niños pequeños en la vivienda, comprensiblemente estarán muy emocionados con los pollitos y querrán interactuar con ellos. El manejo excesivo de los polluelos les provoca mucho estrés, así que enséñales a tus hijos a observar y a participar en el cuidado de los bebés, y a respetar lo jóvenes y frágiles que son.

Enseñándole a los Polluelos a Beber

Como estás sirviendo como madre sustituta al empollar a los polluelos, tendrás que encargarte de las lecciones tempranas de la vida. La primera y más importante es enseñarles a beber agua. Asegúrate de que el agua esté ligeramente caliente y mézclala con una solución de electrolitos para aves de corral.

Pon el agua en un plato plano, incluso puede servir la tapa de un frasco. Los pollitos nacen con el instinto de picotear. Solo necesitan tu ayuda para descubrir el agua. (Después de 24 horas la solución de electrolitos ya no será necesaria.)

No uses ningún bebedero después de las lecciones iniciales, eso permitiría que los polluelos la salpiquen o se mojen. Recuerda que se enfrían fácilmente. Ajusta el bebedero en bloques delgados que tengan alrededor de la altura de los hombros de los bebés.

Enseñándoles a los Polluelos a Comer

Haz que los pollitos comiencen a comer esparciendo un alimento de iniciación apropiado para su edad en una hoja de periódico o en una bolsa de yute sobre el suelo para que los pollos puedan ver que están comiendo. Repito, su instinto es buscar en la "tierra". Una vez que saboreen su alimento, se ganó la batalla y podrán comenzar a usar un alimentador regular. Los pollos se alimentan todo el día, por lo que tienes que dejarles alimento a su disposición todo el tiempo.

Tipos de Alimento

Le darás a tus pollitos un "alimento de iniciación" durante las primeras cuatro semanas, luego pasarás a un alimento de "desarrollo" por las siguientes 16 semanas de sus vidas. Si vacunaste a tus pollos contra la coccidiosis o la Enfermedad de Marek, asegúrate de NO comprar alimento medicado.

(Consulta el Capítulo 6: Información General de la Salud del Pollo Sedoso para mayor información sobre enfermedades y vacunación.)

Los alimentos medicados está formulados específicamente para combatir la coccidiosis y la mayoría contienen amprolio. Sin embargo, si los pollitos fueron vacunados, el amprolio no dañará a las aves, pero anulará la vacuna y la volverá inútil.

Capítulo 7: Crianza y Reproducción de Pollos sedosos

Adición de Gravilla para Ayudar a la Digestión

Los pollos comen pequeñas piedras, que se almacenan en su buche, una bolsa de músculo en el esófago. La arenilla suaviza su alimento, ya que las aves no tienen dientes. En el caso de los pollitos, espolvorea arena o grava para perico o canario en su alimento.

(Lee la etiqueta del alimento comercial de iniciación o desarrollo que estés usando. La mayoría tiene gravilla en sus ingredientes.)

Mantén Limpia la Criadora

Limpia la criadora todos los días para garantizar que no se acumule el excremento y sirva como caldo de cultivo para organismos que se desarrollan en las heces en descomposición

Para el lecho del dormidero, usa virutas de pino, no de cedro porque es tóxico para los pollos. La paja tiende a permanecer demasiado húmeda para los pollitos.

Procura que la capa del lecho no sea muy gruesa. Si los pollitos tienen frío y se amontonan para calentarse en un lecho denso, pueden sofocarse.

Regulación de la Temperatura de la Criadora

Ajusta la temperatura observando el comportamiento de los pollitos. Si están activos picoteando y escarbando, están felices y calientitos. Si están acurrucados bajo la luz, tienen frío. Los pollitos duermen mucho, así que no te preocupes por eso, solo procura estar atento a cualquier comportamiento de amontonamiento.

Los pollitos deben tener todas sus plumas para que puedan mantener su temperatura corporal por sí mismos antes de que los

Capítulo 7: Crianza y Reproducción de Pollos sedosos

puedas sacar de la criadora. En época de frío, esto podría tomar un mes, pero en el verano solo tomará tres semanas o menos.

Determinación del Sexo de los Polluelos

Primero, hablemos de terminología. Un pollo macho menor de un año de edad se le llama gallo joven; una hembra en el mismo rango de edad se denomina polla.

Es extremadamente difícil determinar el género de los pollos sedosos antes de los 8 o 9 meses de edad. Los principales indicadores del sexo son los siguientes:

Cresta - En general la cresta es más grande en los machos y se desarrolla más rápido; sin embargo, esto no siempre es así.

Copete - El copete de un Gallo joven sedoso debe tener "plumas largas" en la nuca para crear una apariencia que es más peinada hacia atrás que redonda. El copete de las pollas, por otro lado, no tiene plumas largas y está bien redondeado.

Carúnculas - En un pollo sedoso macho, las carúnculas son redondeadas y más grandes en la variedad no barbada. En los pollos sedosos barbados de ambos sexos, las carúnculas son extremadamente pequeñas hasta el punto de ser inexistentes.

Espolones - Los espolones de las patas son completamente ausentes en las hembras de los pollos sedosos.

Canto - Aunque el canto se pensaba que era exclusivo de los gallos jóvenes y de los gallos, algunas veces las gallinas lo hacen, pero esto es raro.

Huevos - Por supuesto, esta es la prueba definitiva. Cuando un pollo sedoso pone un huevo, ¡tienes una polla!

Plumaje - Los pollos sedosos machos tienen plumas más largas en el pescuezo (plumas del pescuezo) y la rabadilla (él área que

Capítulo 7: Crianza y Reproducción de Pollos sedosos

está justo enfrente de la cola.) Además, estas plumas son más puntiagudas en la punta, asimismo las plumas de la rabadilla descansarán ligeramente sobre las alas.

Cola - En los pollos sedosos hembra, las colas son más suaves y redondeadas. Sin embargo, en el caso de las aves con calidad de exhibición, las colas de ambos géneros deben ser perfectamente redondeadas y anchas.

No es nada raro que incluso los criadores más experimentados de pollos sedosos de exhibición se equivoquen al momento de determinar el sexo de aves jóvenes. Incluso en las exhibiciones de aves de corral, se puede encontrar a los criadores observando las aves y discutiendo sobre su género.

La gente que lleva años trabajando con pollos sedosos dice que en lugar de seguir algún enfoque científico para determinar el sexo de las aves, simplemente tiene una sensación a las 8-12 semanas y más o menos adivinan.

Un cincuenta por ciento se considera una buena tasa de éxito en este juego de adivinar el género, además en muchas ocasiones un ave tiene que cantar o poner un huevo antes de que alguien esté completamente seguro.

5. Determinación del Sexo Usando ADN Aviar

Los veterinarios, criadores y dueños pueden usar un método no quirúrgico para determinar el género de varias especies de aves incluyendo a los pollos sedosos con una precisión del 99.9 por ciento.

La prueba se puede hacer con una muestra de sangre o de pluma. Ambos métodos tienen el mismo nivel de precisión, pero las muestras de plumas algunas veces no contienen el número adecuado de células para su análisis y deben enviarse las muestras otra vez.

(Los cascarones de huevo se pueden usar para hacer pruebas de ADN si la membrana interior sigue presente.)

Los kits para recolectar y enviar la muestra a un laboratorio certificado cuestan aproximadamente $25 dólares (£16.48) por ave, con un tiempo de respuesta de 2-10 días, dependiendo de la ubicación y el laboratorio utilizado.

6. Determinación de la Calidad de las Aves

No le creas a nadie que diga que la calidad de exhibición de los pollos sedosos puede determinarse a partir de los huevos o de los polluelos.

Una cosa es que hayan defectos de nacimiento obvios como una pata deformada o un pico de tijera que descalifiquen a un Pollo sedoso (consulta el Capítulo 8: Pollos Sedosos de Exhibición), y otra cosa es que los atributos positivos de una ave de exhibición no pueden juzgarse hasta que el ave tenga por lo menos 6 meses a un año de edad.

7. Defectos de Nacimiento Comunes en los Pollos Sedosos

En muchos casos los defectos de nacimientos resultan en la muerte de los pollitos. Mientras el polluelo pueda caminar, comer y beber, los dueños amorosos pueden lidiar con casi cualquier problema físico; sin embargo, al final, la decisión siempre dependerá de la calidad de vida.

Con demasiada frecuencia, los polluelos simplemente se mueren porque no tienen la fuerza ni los medios físicos para desarrollarse. Dos de los defectos de nacimiento más comunes en los pollos sedosos son:

- *Pico de tijera* - En esta condición la parte superior e inferior del pico no están alineadas. La mayoría de los pollos sedosos que nacen con esta condición se adaptan; sin embargo, estas aves no

Capítulo 7: Crianza y Reproducción de Pollos sedosos

tienen calidad de exhibición. En la única ocasión en la que un ave con pico de tijera debe ser sacrificada es si la desalineación inhibe la capacidad del ave para comer y beber.

Los pollos de manera natural recortan sus picos tallándolos contra rocas y otras superficies duras. Las aves con picos de tijera tienen problemas para realizar este auto-mantenimiento, por lo que los dueños tendrán que usar corta-uñas para perros, una lima, o incluso una herramienta rotatoria para darle forma al pico.

No obstante, esto debe hacerse con mucho cuidado, ya que los picos son muy vasculares y sangrarán mucho si se recortan demasiado. Se puede usar polvo astringente para detener el sangrado.

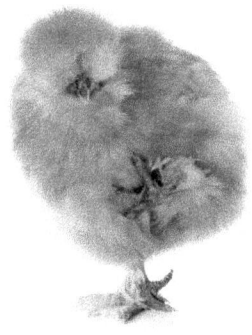

- *Deformidades de las patas*

Los Pollos sedosos, a diferencia de otras razas, deben tener cinco dedos; sin embargo, las deformaciones de las patas son comunes en esta raza.

Pueden mostrar dedos adicionales (polidactilia) o tener menos dedos, los dedos se pueden curvar hacia abajo, ser palmeados como los de los patos, o estar unidos por un exceso de tejido que crea un tipo de pata deforme.

Cualquiera de estas deformidades es suficiente para determinar que un ave, por lo demás perfecta, no tiene calidad de exhibición.

Capítulo 7: Crianza y Reproducción de Pollos sedosos

(Debe tenerse en cuenta que estos tipos de defectos de nacimiento son bastante comunes en las aves que se consiguen en criaderos.)

Hay una amplia gama de defectos de nacimiento posibles en las aves de corral domésticas desde patas abiertas hasta una pata deforme.

Si el pollito sedoso llega a la edad adulta, se considera un ave con "calidad de mascota", pero no puede competir en una exhibición.

Los pollos sedosos son muy amistosos y amados por sus cuidadores al grado que se ha acumulado en línea una gran cantidad de conocimientos prácticos sobre el cuidado de las aves con problemas físicos muy específicos.

Si empollas un pollito con un defecto de nacimiento, es altamente recomendable que busques retroalimentación con otros dueños de pollos sedosos. (Consulta la Lista de Sitios Web Relevantes al final de este libro para obtener más información.)

Capítulo 8: Pollos Sedosos de Exhibición

Las personas jóvenes a menudo exhiben sus pollos con el patrocinio de una organización como 4H o la *Future Farmers of America (FFA, por sus siglas en inglés)*. En un programa organizado de esta naturaleza, les proporcionarán los estándares de la raza, la preparación del ave para la exhibición, y las sutilezas del arte escénico. Este puede ser un proceso complicado, el cual no es el objetivo de este libro, y a menudo se aprende mejor de manera privada.

Sin embargo, para tener una idea de los aspectos que involucra la participación en una exhibición de aves de corral, a continuación te presentamos una visión general de lo que pasa en los momentos previos a la exhibición y lo que pasa realmente en la arena de exhibición.

1. Antes de la Exhibición

Asegúrate de que tu pollo sedoso está sano. Un ave saludable no solo tendrá muchas mayores probabilidades en la competencia, sino que también soportará mejor el estrés de estar en una exposición rodeada por otros pollos y gente.

Además, las enfermedades y parásitos de los pollos son sumamente contagiosos. No expongas a los otros pollos en la exhibición si tu ave no tiene una salud perfecta.

Aunque todo mundo tiene un protocolo diferente para preparar a sus aves para el momento de ser juzgadas, un cronograma general incluirá los siguientes momentos importantes:

- Alrededor de 12 semanas antes de la exhibición, retira todas las plumas rotas para darles el tiempo adecuado para que vuelvan a crecer. Este es un problema menor con los pollos sedosos debido

Capítulo 8: Pollos Sedosos de Exhibición

a la naturaleza aterciopelada de su plumaje; sin embargo, debes revisar que las plumas de sus patas no estén dañadas.

- Alrededor de un mes antes de la exhibición recorta el pico, uñas y/o espolones de tu ave según sea necesario. Lo que buscas es que los bordes estén limados para cuando llegue el momento en que el ave será exhibida.

- Una semana antes de la exhibición, dale un buen baño a tu pollo sedoso y asegura, ata o pega su copete hacia atrás para garantizar que permanezca limpio. Si tu pollo es blanco, puedes usar un poquito de colorante azul, solo una gota o dos, para que sus plumas se vean blancas como la nieve. ¡Ten cuidado! Si usas demasiado colorante azul, terminarás con un ave azulada.

- Tres o cuatro días antes de la exhibición, vuelve a bañar al ave. Esto es especialmente importante en una raza aterciopelada como el pollo sedoso porque lo que estás buscando es lograr el máximo grado de "esponjosidad" para el día de la exhibición.

En esta etapa del proceso debes mantener la jaula de tu ave absolutamente inmaculada con lecho fresco todos los días. (Algunos expositores también bañan a sus pollos sedosos un día antes de la exhibición.)

No olvides agregar vinagre blanco al agua de enjuague, ya que esto eliminará aceites y otros residuos de las plumas.

- El día de la exhibición asegúrate de que las patas del pollo sedoso estén completamente libres de suciedad y heces. Podrías aplicarle una capa muy delgada de vaselina en las patas, piernas, cresta, orejillas, pico y carúncula para mejorar su brillo.

En la exhibición, ¡pásala bien! Esa es una oportunidad para estar con otras personas que aman a los pollos sedosos tanto como tú. Podrás aprender mucho de los criadores y otros expositores. Si tienes planeado reproducir a tu pollo, una exhibición puede ser el

Capítulo 8: Pollos Sedosos de Exhibición

equivalente del juego de las citas para las aves de corral donde interpretas el papel de casamentero para tus aves.

2. Arte Escénico y Pollos Sedosos

Desarrollar el arte escénico y empatía con tu ave no ocurre de la noche a la mañana. Tendrás que practicar. Afortunadamente, los pollos sedosos facilitan mucho esto gracias a su carácter afable y cooperativo. Sin embargo, tendrás que practicar la caminata con tu pollo sedoso, ya que tendrás que llevarlo desde su jaula hasta el corral de exhibición, y tendrás que ponerlo repetidamente en una mesa y enseñarle a que se quede en su lugar.

Esto solamente es cuestión de repetición. Baja el ave. Espera que el ave comience a caminar. Levántala y vuélvela a bajar, recompensa a tu pollo sedoso cada vez que se quede quieto. Debes practicar hasta que logres que se quede quieto de 2 a 3 minutos, antes de que comiences a aprender a presentar a tu pollo.

Cuando presentes a tu pollo sedoso, tienes que esponjarle la cola, y resaltar la cabeza del ave sosteniendo una recompensa en tus dedos, moviéndola lentamente hacia arriba. La idea es hacer que el pollo estire su pescuezo hacia arriba y ligeramente hacia adelante.

En seguida, si el jurado te pide que te presentes en la arena, práctica tu parlamento en el que proporcionarás la información pertinente, la cual incluye:

Tu nombre y edad.
Tu 4H, FFA, u otra organización.
El género de tu ave.*
La edad del ave.
La clase, raza y variedad del ave.

*Para propósitos de la exhibición las aves hembra menores de seis meses de edad son pollas, las que tienen seis meses o más son gallinas. Las aves macho menores de seis meses de edad son gallos jóvenes, los que tienen seis meses o más son gallos.

Examen del Ave

Esta es la parte más difícil del arte escénico, pero solo porque los pasos deben hacerse en orden. Repito, practica con tu ave.

Cabeza - Sostén hacia arriba la cabeza del ave con tu dedo, y observa sus ojos, pico y penacho. Haz esto con ambos lados de la cabeza. Prepárate para cuando el juez te haga preguntas sobre lo que ves.

Alas - Despliega las alas tomando la articulación del hombro y jalando con cuidado el ala hacia afuera. Levanta el ala y sóplale a las alas por debajo. El juez comprobará si el ave tiene señales visibles de parásitos.

Apariencia - Levanta las plumas de la rabadilla y el pescuezo para mostrar su apariencia y para ilustrar la ausencia de parásitos.

Ancho del Cuerpo - Coloca tu pulgar y dedo índice alrededor de la parte más ancha del cuerpo del pollo y permite que el juez vea la medida.

Pechuga - Voltea el ave y sostén su lomo cerca de tu pecho. Mide la longitud del esternón (hueso de la pechuga) usando tu pulgar y dedo índice. Muestra esta medida al juez.

Ano - Baja el ave ligeramente con la cabeza mirando hacia ti. Separa las plumas para que el juez pueda ver el ano y revisar si hay parásitos.

Abdomen - Mide el número de dedos que caben entre la pechuga y los huesos púbicos, que están a los lados del ano, mostrando la medida al juez.

Espacio Entre los Huesos Púbicos - Observa cuántos dedos caben entre los huesos púbicos del ave y muestra el número al juez.

Patas - Voltea el pollo con la cabeza mirando hacia el juez. Sostén las patas y obsérvalas, revisa que no haya suciedad, escamas en la pata, o cualquier otra irregularidad o síntomas de enfermedad.

Voltea el pollo lentamente haciendo un círculo completo, mirando todo el tiempo las patas. Este es el paso final, así que espera pacientemente al juez cuando hayas terminado.

El juez te señalará una jaula. Camina hacia ella con tu ave, mirando al juez todo el tiempo. Mete tu ave en la jaula, presenta el pollo y cierra la puerta. Pon tus manos detrás de tu espalda, y espera hasta que el juez asienta con la cabeza o te pida que saques al pollo. Cuando te lo indiquen, saca el ave y regresa a la mesa.

3. Idoneidad de los Pollos Sedosos para una Exhibición

Los pollos sedosos son la raza perfecta para participar en exhibiciones de aves de corral, especialmente cuando se trata de expositores jóvenes que apenas se están acostumbrando a trabajar con animales vivos y a someterse a juicio a sí mismos y a su animal. Los pollos sedosos son dóciles, tranquilos, cooperativos y les gusta complacer a sus humanos.

Sin embargo, esto no quiere decir, que los adultos no pueden presentar pollos. Hay muchos lugares para exhibir razas ornamentales desde ferias municipales y estatales hasta exhibiciones de ganado. Para mayor información ponte en contacto con la *American Poultry Association,* o el *Silkie Club of Great Britain.*

Epílogo

A diferencia de muchas especies de aves de corral, los Pollos sedosos no son grandes ponedores de huevos. Obtener 120 huevos al año, alrededor de 3 a la semana, se considera un rendimiento alto para estas aves. Son comestibles, pero su carne es azul oscuro y su sabor es fuerte. Las culturas orientales los consideran un manjar con poderes curativos; sin embargo, en el mundo occidental los pollos sedosos raramente se crían por su carne. Más bien, como raza de ornato, los pollos sedosos son valorados como animales de exhibición y mascotas.

Desde su probable origen en el antiguo oriente, hasta sus viajes a Europa en el siglo XVI siguiendo la afamada Ruta de la Seda, estas aves pequeñas, elegantes y dóciles se han ganado una especial reputación por su amigable personalidad y su plumaje único. El nombre Sedoso es bien aceptado, ya que describe perfectamente la calidad parecida a la piel de sus plumas aterciopeladas que, al carecer de bárbulas entrelazadas, solo pueden describirse como "esponjosas" o "peludas".

Además de su alta calidad como animales de exhibición, las gallinas sedosas son unas de las gallinas más cluecas que hayas conocido. Su instinto es tan fuerte, que incluso incubarán los huevos de otras especies, serán las madres de animales huérfanos, y en caso de necesidad, empollarán un montón de piedras. Incluso los gallos participan en la actividad, cuidando los pollitos alrededor del corral, ofreciéndoles sabrosos bocados de insectos.

Aunque la idea de tener un "pollo de casa" es relativamente nueva, ninguna raza podría ser más adecuada para vivir dentro de una casa que un pollo sedoso. Se someten voluntariamente a usar pañal, y pueden ser entrenados para usar un arnés y una correa. Son tranquilos e inteligentes, participan en juegos y hacen trucos, además adoran pasar el tiempo con sus humanos.

Epílogo

El propósito de este libro es proporcionar una visión general de la raza junto con la información adecuada para ayudarte a prepararte a traer un pollo sedoso a tu vida. Sin embargo, una de las mejores cosas de los pollos sedosos, es que si los tienes por 20 años, seguirán sorprendiéndote y deleitándote con nuevas ideas y conocimiento en cada paso del camino.

Advertencia final. Recuerda, estos son animales vivos que dependen completamente de que los cuides. Asegúrate de que un pollo sedoso es lo adecuado para ti, y que puedes darle el entorno apropiado antes de llevar tu nueva mascota a casa. Esto se extiende a investigar las leyes y reglamentos de zonificación que pudieran aplicar en tu localidad. Prepara todo primero. Consigue todo lo que necesitas, y ten listo el receptáculo de tu nueva ave. Los pollos sedosos son aves sumamente adaptables, pero al igual que todos los pollos, son susceptibles al estrés, así que haz todo lo que puedas para minimizar estas cuestiones.

Ya sea que decidas comprar un ave adulta joven, un pollito o incluso huevos fertilizados para empollar en una incubadora, los pollos sedosos son mascotas divertidas, fascinantes y amorosas desde el primer día. Quedarás asombrado de lo rápido que se volverá parte de la familia, incluso si la idea de tener un pollo mascota nunca antes se te hubiera ocurrido. Sin embargo, eso es parte del encanto de la raza Sedosa. No son como los otros pollos, y tan pronto como conozcas uno, comprenderás la razón.

Lista de Sitios Web Relevantes

American Poultry Association en www.amerpoultryassn.com

American Bantam Association en www.bantamclub.com

American Silkie Bantam Club en www.americansilkiebantamclub.org

The Silkie Club of Great Britain en www.thesilkieclub.co.uk

Información General

Backyard Poultry en www.backyardpoultry.com

Backyard Chickens en www.backyardchickens.com

Revista *Fancy Fowl Poultry Magazine* en www.fancyfowl.com

Revista *Exhibition Poultry Magazine* en www.exhibitionpoultry.net

Poultry Press en www.poultrypress.com

Aviculture Europe en www.aviculture-europe.nl (Texto en alemán e inglés.)

Alimento para Aves de Corral Purina en www.purinapoultry.com

Omlet en www.omlet.us

Diseño de Gallineros/Receptáculos

BackyardChickens.com

Lista de Sitios Web Relevantes

"Cómo Construir el Gallinero Definitivo" en http://www.countryliving.com/outdoor/outdoor-living/ultimate-chicken-coop#slide-1

"Cómo Tener Aves de Corral en el Patio" en El Centro de Control de Enfermedades htto://www.cdc.gov/features/salmonellapoultry

Salud

The Association of Avian Veterinarians en www.aav.org

Cuidado de Pollos Sedosos Chinos en http://www.zoo-zoom.com/Chinese%20Silky%20Chicken.htm

Salud y Comportamiento de los Pollos en http://www.newlandgrange.com/CHICKEN-HEALTH-and-BEHAVIOUR(1660699).htm

Problemas de Salud y Enfermedades de los Pollos y Aves de Corral en http://smallfarm.about.com/od/chickens/a/Chicken-And-Poultry-Health-Problems-And-Diseases.htm

The Chicken Vet en www.chickenvet.co.uk

Chicken Health for Dummies Cheat Sheet en http://www.dummies.com/how-to/content/chicken-health-for-dummies-cheat-sheet.html

Suministros

Chickens For Backyards en www.chickensforbackyards.com

My Pet Chicken en www.mypetchicken.com

Alimento para Aves de Corral Purina en www.purinapoultry.com

Lista de Sitios Web Relevantes

Premier 1 en www.premier1supplies.com

Tractor Supply Company en www.tractorsupply.com

Criaderos y Criadores

Cackle Hatchery en www.cacklehatchery.com

Murray McMurray Hatcher en www.mcmurrayhatchery.com

Seriously Silkie en www.seriouslysilkie.com

Hatchery Creek Farm en hatcherycreekfarm.webs.com/silkiechickens.htm

Backyard Chickens en www.backyardchickens.com

California Hatchery en www.californiahatchery.com

Frizzled Feathers Farm en www.frizzledfeathersfarm.com

Sundown Silkies en www.sundownsilkies.com

eFowl en www.efowl.com

Huckleberry Farm en www.huckfarm.com

Amber Waves Silkies en www.silkiechickens.co

Cheshire Poultry en www.cheshirepoultry.co.uk

Poultry Keeper en www.poultrykeeper.com

Proveedores de Aves de Corral en Inglaterra en http://www.poultry.allotment.org.uk/poultry-suppliers/poultry-suppliers-england.php

Preguntas Frecuentes y Datos de los Pollos Sedosos

El texto de este libro cubre casi todo lo que quieres saber sobre los pollos sedosos desde bañarlos hasta la construcción de un gallinero móvil; sin embargo, si te urge comenzar, a continuación encontrarás algunas preguntas frecuentes sobre estas bolitas esponjosas adorables y lo que involucra tenerlas como mascotas.

¿Por qué los Pollos sedosos tienen plumas "esponjosas"?

Las fibras individuales de la mayoría de las plumas se mantienen juntas con pequeñas barbas que hacen rígida la pluma, pero flexible. Las plumas de los pollos sedosos no tienen dichas "bárbulas", por lo que las hebras individuales de la pluma se esponjan como si fueran pelo o cabello.

¿Qué otra cosa es única en la raza Sedosa?

Tienen cinco dedos. Sus patas son emplumadas y su piel, carne y huesos son de color azul oscuro/negro.

Si tengo Gallinas sedosas, ¿también necesito un gallo?

Solo necesitas un gallo si quieres criar pollitos. Si estás buscando una gallina ponedora de huevos, las sedosas no son tu mejor opción. Obtendrás alrededor de 3 huevos a la semana, o 120 huevos al año (con o sin gallo.)

¿Las Gallinas sedosas son buenas madres?

No hay mejor madre en el mundo de las aves de corral que la Gallina sedosa. Esta característica se llama "cloquera". Si una Gallina sedosa no tiene pollitos propios, adoptará a cualquier animalito huérfano que haya por los alrededores. Incluso los gallos sedosos participan en esta actividad, pasando tiempo con los pollitos en el patio y llevándoles jugosos insectos como golosinas.

¿Se les dice "Pollos Sedosos Chinos" o "Pollos Sedosos Miniatura"?

De hecho, se usan los dos términos. También verás que les dicen Pollo japonés. "Sedoso" es una manera alternativa para nombrarlos, también se les dice miniatura. ¿Por qué tanta confusión? Estos esponjosos pollos blancos son originarios de Asia y por eso se les dice chinos y japoneses. En los Estados Unidos, se conocen como miniatura.

La esperanza de vida normal de un pollo es de 8 a 15 años. Los Pollos sedosos son aves más pequeñas, ¿quiere decir que morirán antes?

No necesariamente. La esperanza de vida de un pollo sedoso normalmente es de 9 a 10 años, pero tiene poco tiempo que la gente comenzó a tener pollos como mascotas, incluyendo los pollos de casa. Con buenos cuidados, es completamente posible que una de estas aves pueda vivir hasta 20 años.

¿A qué edad los Pollos sedosos bebé tienen la edad suficiente para comenzar a poner huevos?

Normalmente una gallina comenzará a poner huevos a los 5 o 6 meses de edad; sin embargo, una Sedosa podría hacerlo hasta los 8-9 meses. Antes de eso, es prácticamente imposible determinar el sexo de un pollo sedoso. Algunas veces ese primer huevo es la única manera de saber ¡si tienes una gallina!

He visto anuncios de "pollo sedoso azul" y "pollo sedoso blanco". ¿De cuántos colores hay?

Hay pollos sedosos negros, azules, ante, blanco, perdiz, dálmata, gris, lavanda, rojo, porcelana y cuco.

Preguntas Frecuentes

¿Cuánto alimento necesitaré para mis Pollos sedosos? Los pollos comen cualquier cosa, ¿verdad?

Los pollos son omnívoros, y necesitan tener acceso a agua y alimento frescos en todo momento. Normalmente una gallina comerá alrededor de 4-6 onzas (100-170 gramos) de alimento al día cuando el clima es más frío, y un poco menos en verano. Su consumo también depende de cuánto acceso tengan a cosas como las sobras de comida e insectos.

Vi un anuncio en línea por un "pollo sedoso a la venta" y ordené pollitos. Me los enviaron por correo. ¿Cuánto tiempo pueden vivir sin alimento?

La mayoría de los criaderos envían a los pollitos cuando tienen un día de vida porque justo antes de eclosionar, absorben todos los nutrientes en el huevo, que son muy ricos en valor alimenticio. Normalmente, los polluelos recién salidos del cascarón pueden estar sin comer de 2 a 3 días, que es el tiempo suficiente para entregarlos por correo exprés, solo procura que haya alguien en tu casa para recibir la caja, y ofréceles a los pollitos alimento y agua inmediatamente.

Estoy interesado, pero no sé dónde comprar Pollos sedosos.

En muchos casos la respuesta es tan cerca como tu motor de búsqueda favorito. Usa frases como "pollo sedoso", "pollos sedosos a la venta" o "pollo sedoso a la venta". Encontrarás muchos listados de criaderos que te enviarán huevos y pollitos recién nacidos. Si estás interesado en un tipo específico de pollo sedoso, solo altera tu frase de búsqueda por algo parecido a "pollos sedosos blancos a la venta." Si no los quieres comprar en línea, ponte en contacto con el *American Silkie Bantam Club* o el *Silkie Club of Great Britain* para que te proporcionen un directorio de criaderos en tu zona.

¿Puedo educar a mi Pollo sedoso?

Aunque algunas personas afirman que les enseñaron a sus pollos sedosos a "hacer" en periódicos esparcidos en el suelo, la sabiduría tradicional dice que no, no puedes educar a un pollo. Sin embargo, puedes ponerle un pañal. Para mayor información consulta el Capítulo 3: Tu Pollo Sedosos como Parte de la Familia.

¿Puedo usar una correa con mi Pollo sedoso?

Absolutamente. Usarás un arnés para pollo en lugar de un collar. Tendrá un anillo en D en el lomo en el centro, entre las alas del ave. Ahí es donde va la correa. De hecho "pasear" es más una cuestión de seguirlo mientras picotea y escarba, pero el diseño te permite seguir a cargo de la situación.

¿Los depredadores podrían lastimar a mis pollos?

Si, existen varios depredadores que son peligrosos para tus pollos, entre ellos tenemos mapaches, coyotes, zorros, comadrejas, zorrillos, halcones, lechuzas, zarigüeyas, gatos monteses, serpientes, ardillas, así como perros y gatos domésticos.

¿Cuándo pueden unirse los pollitos recién nacidos a la bandada que tengo al aire libre?

No saques al exterior a los polluelos hasta que estén totalmente cubiertos de plumas, usualmente esto pasa después de un mes. No pueden regular su temperatura corporal hasta que sus plumas hayan crecido.

¿Cuánto espacio necesita un pollo en un gallinero?

El espacio recomendado para un solo pollo en un gallinero o corral es de 4 pies^2 (1.21 m^2).

¿Cuál es el mejor material que puedo esparcir en el piso del gallinero?

Las virutas de pino son una buena elección. (No uses de cedro ya que es tóxico para los pollos.) La paja también es buena opción, pero no debes permitir que permanezca húmeda porque es un refugio natural para ácaros y otros parásitos, especialmente cuando se acumula el calor.

Vi anunciado un Pollo sedoso negro bantam (miniatura). ¿Cuál es la diferencia entre un pollo miniatura y uno de tamaña normal?

Los pollos bantam (miniatura) tienen generalmente una cuarta parte del tamaño de un pollo estándar. Los Pollos sedosos pesan en promedio 1.5 – 4 libras (0.68 – 1.8 kg).

El sitio web que estoy viendo ofrece Pollos sedosos azules "sin seleccionar". ¿Qué significa eso?

Cuando dicen que están sin seleccionar, se refieren a un grupo de pollitos que no han sido seleccionados de acuerdo con su género. Como es imposible determinar el sexo de los pollitos hasta que tienen 8-9 meses, el vendedor está siendo honesto. Lo más probable es que recibas puras gallinas, ya que la gente que trabaja con estos pollitos desarrolla una intuición con respecto al género con el paso del tiempo, pero no hay garantías.

¿Por qué mis Gallinas sedosas negras no están poniendo huevo? ¿Conseguí la raza equivocada?

Solo hay dos "tipos" de pollos sedosos, los barbados y los que no tienen barba. Los colores solo son eso, colores. Ninguna Gallina sedosa va a poner muchos huevos. Simplemente no lo hacen. Tres a la semana se considera una buena producción. Si quieres criar pollos por los huevos, entonces los pollos sedosos no son el ave adecuada para ti.

Mis Pollos sedosos color ante se están comiendo sus propios huevos. ¿Qué debo hacer?

No solo tus pollos color ante. Siempre que los pollos comiencen a comerse sus huevos, es probable que necesiten más calcio. Compra conchas trituradas de ostra en tu tienda de alimentos local y úsalas como se indica para suplementar su alimento.

¿Puedo bañar a mis Pollos sedosos negros?

Absolutamente. Todos los pollos sedosos disfrutan un buen baño. En el Capítulo 5: Cuidado Diario de los Pollos Sedosos, encontrarás una descripción de cómo bañar a tu pollo sedoso y esponjarlo después con una secadora de pelo. No les molesta en lo más mínimo.

¿Cuál es la mejor manera de introducir Pollos sedosos nuevos y a la bandada que ya tengo?

Los pollos sedosos de verdad son aves muy dóciles, pero lo mejor es separar a los recién llegados en el otro lado de una barrera de alambre durante un par de semanas. Solo para que se acostumbren a verse, y no después no haya peleas o agresiones. Cuando los juntes por primera vez, quédate supervisando a las aves para que puedas intervenir en caso de que ocurra algún incidente.

¿Qué pasa cuando el pollo muda?

A finales del verano o a principios del otoño, los pollos pierden sus plumas y estas les vuelven a crecer. Es un proceso natural. Tus pollos sedosos estarán "desplumados" unas cuantas semanas, pero no hay nada malo en ellos.

¿Los pollos tienen algún olor en particular?

No. Si tus pollos tienen algún mal olor, entonces su receptáculo debe limpiarse más seguido.

Preguntas Frecuentes

Mi hija quiere exhibir pollos para la 4H. ¿Los Pollos sedosos son una buena elección?

Los pollos sedosos son maravillosos en las exhibiciones. Son dóciles y cooperativos, lo cual les facilita mucho a los niños pequeños su manipulación en la arena de exhibición. Consulta el Capítulo 8: Pollos Sedosos de Exhibición para obtener un panorama más amplio.

Apéndice I: Estándar de Exhibición en los Estados Unidos

(**Fuente**: *American Silkie Bantam Club* en http://www.americansilkiebantamclub.org/standard.asp , se entró en Mayo de 2013.)

Pollos Bantam (Miniatura) de Patas Emplumadas
Peso: Gallo 36 oz. (1.02 k); Gallo Joven 32 oz. (907 g)
        Gallina 32 oz. (907 g); Polla 28 oz. (793 g)

Forma: Macho y Hembra

Cresta: Macho - Forma de nuez - establecida con firmeza y de manera uniforme sobre la cabeza, de forma casi circular, de preferencia más ancha que larga, con varias protuberancias pequeñas sobre ella, con una ligera hendidura o surco atravesándola por la mitad, elevándose en un punto justo adelante de las fosas nasales, y se extiende hacia atrás hasta un punto paralelo a la parte frontal de los ojos.
Hembra - Forma de nuez, muy pequeña, bien formada. El resto de la descripción es igual a la del macho.

Pico: Corto y grueso, con una curvatura.

Cara: Superficie lisa, piel con una textura fina y suave.

Ojos: Grandes, redondos y prominentes.

Carúnculas: Macho - Sin Barba: tamaño mediano, cóncavas, casi redondas, textura fina, sin arrugas ni dobleces. Barbado: muy pequeñas, ocultas por la barba, de preferencia que estén ausentes de manera natural. Hembra - Sin Barba: pequeñas, cóncavas, que formen un semicírculo, textura fina, sin arrugas ni dobleces. Barbada: pequeñas hasta inexistentes, ocultas por la barba.

Orejillas: Macho - Sin Barba: pequeñas, ovaladas, textura fina, sin arrugas ni dobleces. Barbada: muy pequeñas, ocultas por las orejeras. Hembra: muy pequeñas, el resto de la descripción es igual a la del macho.

Penacho: Macho - tamaño mediano, suave y completo. Tan derecho como lo permita la cresta, con algunas plumas sedosas corriendo ininterrumpidamente hacia atrás desde la parte inferior y trasera del penacho. Hembra: tamaño mediano, suave y completo, globular, derecho, bien balanceado.

Cabeza: Moderadamente pequeña, corta, llevada de tal manera que si dibujamos una línea paralela con la punta de la cola se dividirá en dos la cresta.

Barba y Orejeras: Variedades barbadas - espesa, completa, se debe extender hacia atrás de los ojos y proyectarse a ambos lados de la cara, debe estar compuesta de plumas que se hagan hacia atrás horizontalmente, desde ambos lados del pico hasta el centro, y hacia abajo verticalmente, formando un collar de tres óvalos en un grupo triangular, haciendo que parezca una orejera.

Pescuezo: Corto, arqueado con elegancia, las plumas del pescuezo deben fluir bien sobre los hombros.

Lomo: Macho - corto, ancho desde los hombros hasta la rabadilla, bastante redondeado, toda su longitud se eleva gradualmente desde la mitad del lomo hacia el rabo. Hembra - corto, ancho desde los hombros hasta la rabadilla, bastante redondeado en toda su longitud, se eleva gradualmente desde la mitad del lomo hacia la cola.

Rabadilla: Macho - se eleva desde el lomo en la base de la capa, muy ancha y redonda, plumaje copioso y largo, las plumas inferiores de la rabadilla fluyen sobre las puntas de las alas y se mezclan esponjándose.

Ancas (Cuarto trasero): Se eleva desde el lomo en la base de la capa, muy ancha y redondeada, con plumaje abundante.

Cola: Macho - corta, muy separada en los extremos, bien distribuida en la base, llena por debajo con una gran cantidad de plumas suaves que se solapan con las coberteras de cola y las pequeñas hoces (tipo de plumas), todo el conjunto forma una curva dúplex con el lomo y la rabadilla. Las grandes hoces, las pequeñas hoces y las coberteras de cola, son abundantes, suaves, con una buena curvatura, sin plumas duras, y oculta a las principales plumas de la cola. Hembra - corta, con extremos muy separados, bien distribuida en la base, llena por debajo con una gran cantidad de plumas suaves que se solapan con la rabadilla y las coberteras de cola, todo el conjunto forma una curva dúplex con el lomo y la rabadilla.

Alas: Tamaño mediano, estrechamente plegadas, se llevan hacia atrás casi horizontalmente, muy por encima de los muslos, terminan un poco antes de la cola. Hombros y frente: están ocultos por las plumas del pescuezo y las plumas de la pechuga. Arcos y coberteras de cola: Muy bien redondeadas. Primarias: longitud media, bien separadas, se estrechan de manera convexa en la parte de la cola, las puntas están ocultas por las plumas de la rabadilla.

Pechuga: Se proyecta hacia delante, muy llena, bien redondeada y con una gran profundidad y anchura.

Cuerpo y Pelusa: Cuerpo de longitud moderada, ancho, profundo y bien redondeado desde el esternón hasta la parte de la cola, baja bien entre las piernas.

Patas y Dedos: Macho - Patas cortas y robustas, bien separadas, derechas cuando se les ve de frente. Muslos inferiores: cortos, robustos en la parte superior, se estrechan hacia los corvejones, con plumaje abundante. Corvejones: cubiertos con plumas suaves y sedosas que se curvan hacia dentro sobre los corvejones. Patas: más bien cortas, huesudas, bien cubiertas en los lados externos con un plumaje sedoso, la parte superior surge del plumaje del muslo y continua hacia el plumaje de los dedos. Espolones: tamaño y longitud medianos, están justo por encima del quinto dedo. Dedos: cinco, tres derechos hacia el frente, con una separación equitativa, el dedo trasero doble, el dedo normal en posición normal y el dedo extra ubicado por encima de él, comienza cerca del otro dedo, pero está bien formado, es más largo que los demás dedos y se curva hacia arriba y hacia atrás; el dedo medio externo está bien emplumado. Hembra - igual que el macho, con excepción del espolón. (Un dedo medio desnudo es un defecto serio en ambos sexos)

Color: Pollo Sedoso Blanco Barbado

Macho y Hembra: Cresta, Cara, Carúnculas: un morado profundo, casi negro.

Pico: Azul plomizo
Ojos: Negros

Descalificaciones:
* Más o menos de 5 dedos
* Ausencia de barba u orejeras.
* Patas no emplumadas en los lados externos
Consulta el *APA Standard* para otros motivos de descalificación y eliminación.

Apéndice II: Estándar de Exhibición en el Reino Unido

(**Fuente**: *The Silkie Club of Great Britain* en www.thesilkieclub.co.uk , se entró en Mayo de 2013.)

Clasificación: Ave grande, raza ligera

Color de los Huevos: Color crema

Origen: Asia

El Ave sedosa ha sido mencionada por las autoridades durante cientos de años. Algunos creen que se originaron en la India, mientras que otros están a favor de China y Japón. El Pollo sedoso es considerado una raza ligera, y como tal debe exhibirse. Su cloquera persistente es una característica de la raza, ya sea pura o cruzada, la raza puede incubar los huevos de aves grandes o miniaturas.

Características Generales

MACHO:
Postura

- Estilizada, compacta y vivaz

Tipo

- Cuerpo – ancho con apariencia robusta.
- Lomo – corto, rabadilla sedosa y se eleva hacia la cola.
- Rabo – ancha y cubierta con abundante pelusa fina, las plumas de la rabadilla deben ser suaves, abundantes y continuas.
- Pechuga – ancha y llena, hombros robustos, cuadrados y bastante cubiertos con las plumas del pescuezo.
- Alas - suaves y esponjosas en los hombros, las terminaciones de las plumas desiguales y un plumaje como el del águila pescadora (es decir, algunas plumas deben colgar libremente hacia abajo).

- Cola - corta, los extremos de las plumas más duras deben estar muy desiguales para que la cola sea adecuada. No debe ser continua, más bien debe formar una curva redondeada corta.

Cabeza

- Corta y ordenada.
- Buen penacho, suave y lleno, tan derecho como lo permita la cresta, debe tener de seis a doce suaves plumas sedosas corriendo graciosamente hacia atrás desde la parte inferior trasera del penacho hasta una longitud de (1½ pulgadas). Un penacho adecuado no debe mostrar ninguna pluma dura.
- Pico corto y ancho en la base.
- Ojos negros y brillantes, no demasiado prominentes.
- Cresta con forma casi circular, de preferencia más ancha que larga, con varias protuberancias pequeñas sobre ella, con una ligera hendidura o surco atravesándola por la mitad.
- Cara suave.
- Carúnculas cóncavas, casi semicirculares, no deben ser largas ni colgar.
- Orejillas más ovaladas que redondas.
- Pescuezo – de longitud corta o mediana, amplio y pleno en la base, las plumas del pescuezo deben ser abundantes y continuas.

Patas

- Sin escamas.
- Muslos bien separados y piernas cortas.
- Sin plumas duras en los corvejones; sin embargo, está permitido que tengan una gran cantidad de plumaje sedoso suave.
- Los muslos deben estar cubiertos con una gran cantidad de pelusa. Las patas deben tener una cantidad moderada de plumas.
- Debe tener cinco dedos, el quinto dedo debe divergir del cuarto.
- Los dedos medios y externos deben estar emplumados, pero estas plumas no deben ser duras.

Plumaje

Muy sedoso y esponjoso, con una profusión de plumas parecidas al cabello.

HEMBRA

La rabadilla debe ser ancha y estar bien acolchonada, con el plumaje más sedoso de todos, el cual debe cubrir casi totalmente la pequeña cola, solo los extremos irregulares deben sobresalir y estar inclinados para darle una apariencia emplumada.

- Las patas son particularmente cortas en la hembra, y la pelusa de los muslos y la que tiene en la parte baja casi debe tocar el suelo.
- El penacho de la cabeza es corto y ordenado, como una borla, sin plumas duras, además no debe cubrir los ojos, y debe estar bien derecho y no estar dividido en dos por la cresta.
- Orejillas pequeñas y redondas.
- Carúnculas ausentes, o muy pequeñas de forma ovalada.
- Cresta pequeña.
- El resto de las características son como las del macho, permitiendo las diferencias sexuales.

Color

- *Blanco*: El plumaje del macho y de la hembra es blanco como la nieve.

- *Negro*: El plumaje del macho y de la hembra es negro por todas partes, con un brillo verdoso en el macho. Se permite una cantidad mínima de color en las plumas del pescuezo, pero no es deseable. El pico debe ser pizarra oscura. Ojos negros. Cresta, cara y carúnculas de color morado. Orejillas azul turquesa o moradas, de preferencia de este último color. Patas color plomo. Uñas blanco azulado. Piel morada.

- *Azul*: El plumaje del macho y de la hembra tiene un tono azul uniforme desde la cabeza hasta la cola.

- **Dorado**: El plumaje del macho y de la hembra tiene un tono dorado uniforme por todos lados, se permite que las plumas de la cola tengan un tono más oscuro en ambos sexos.

- **Perdiz**: En el macho la cabeza y la cresta son de color naranja oscuro. La pechuga y las plumas negras. Las plumas del pescuezo anaranjadas/amarillas, sin partes deslavadas, cada pluma debe tener una franja negra clara en el centro. El lomo y hombros son de color naranja oscuro. Banda alar totalmente negra. Plumas principales negras, sin blanco. Las alas secundarias, red externa de color naranja oscuro, red interna de color negro, el color naranja oscuro solo se ve cuando el ala está cerrada. Las grandes hoces y la cola son negras. Las plumas de las patas son negras. Apariencia color gris pizarra, sin color blanco.
El pescuezo y la pechuga de la hembra es color limón con franjas negras. Las plumas del pescuezo tienen el centro negro y las orillas color limón. En la pechuga se mezclan los colores limón y negro. Cuerpo, incluyendo las alas y el acolchado, negros con barras de color café pardo suave. Apariencia, gris pizarra. Las plumas de las patas del mismo color que el cuerpo. Se permite el color negro en la cola.
En todos los colores, excepto el negro, el pico debe ser azul.

El Pollo Sedoso Barbado

Igual que el Pollo Sedoso estándar, pero con orejeras y barba claramente definidas.

El Pollo Sedoso Bantam (Miniatura)

Equivalente a las aves grandes en todos los aspectos.

Pesos

Ave Grande: Macho 1.81 kg (4 libras); Hembra 1.36 kg (3 libras); Ave Bantam (Miniatura): Macho 600 g (22 onzas); Hembra 500g (18 onzas)

Escala de Puntaje

- Tipo 20
- Cabeza 30
- Patas 10
- Color 10
- Plumaje 30

Defectos Serios

- Plumas duras.
- Pico verde o que la punta del pico esté verde.
- Que sobresalgan cuernos del penacho
- Barbas rojizas en las carúnculas o cara.
- Ojos que no sean negros.
- Color incorrecto en el plumaje o piel.
- Plumaje que no es Sedoso
- Falta de "pulido" en el penacho o penacho dividido en dos, el penacho no debe colgar sobre los ojos.
- Que las plantas de las patas sean verdes.
- Cualquiera de las deformidades listadas en el *Poultry Club Book of Standards* (Libro de Estándares de Aves de Corral), incluyendo dedos torcidos o volteados, así como carúnculas disparejas.

Descalificaciones

- Un solo penacho.
- No tener cinco dedos.
- Patas verdes.
- Patas sin plumas.
- Corvejones de buitre.

Glosario

Ácaro de la pata escamosa - Ácaro específico que se entierra debajo de las escamas de las patas del pollo provocando inflamación y erupciones con costra.

Alimentos Comerciales - Son alimentos para pollo mezclados por un fabricantes de acuerdo con una receta publicada y se vende en entornos minoristas.

American Poultry Association **(APA,** Asociación Estadounidense de Aves de Corral**)** - Es la asociación a cargo del establecimiento de los estándares para las aves de corral de raza pura en los Estados Unidos. Este grupo mantiene el *American Standard of Perfection*, el cual describe las especificaciones de raza para las aves de corral de exhibición.

American Standard of Perfection (Estándar Estadounidense de Perfección) - Publicado por la *American Poultry Association*, este libro contiene los estándares de raza para los tipos reconocidos de aves de corral en los Estados Unidos.

Ano - Abertura exterior del recto a través del cual el pollo hace pasar sus huevos y excremento.

Ave de Corral - Aves, como los pollos, que fueron domesticadas por su carne o sus huevos, o para servir como mascotas.

Bantam (Miniatura) - Término que describe a un pollo o pato que son de menor tamaño. Los pollos bantam generalmente tienen un cuarto del tamaño de las razas más grandes. En Estados Unidos en ocasiones se refieren a ellos como *Banty* o *Banties*.

Baños de Tierra - Hábito que tienen los pollos de revolcarse en la tierra para enfriarse, para eliminar el exceso de aceite de sus plumas y para controlar a los parásitos.

Barba - Se refiere a un grupo de plumas situadas justo por debajo del pico de un ave.

Barbillas - Pequeños filamentos en forma de gancho en las bárbulas de una pluma que le dan a la estructura rigidez o coherencia.

Capa - Se refiere a las plumas angostas que caen entre el pescuezo y el lomo del pollo.

Capacidad de Eclosión - Se refiere al número o porcentaje de huevos en una incubadora que van a eclosionar.

Clueca o cloquera - Se refiere a la tendencia de una gallina a cuidar pollitos. Se aplica el mismo término a un grupo de pollitos después de que salieron del cascarón.

Coccidiosis - Enfermedad que se encuentra en aves y mamíferos que afecta los intestinos y generalmente es mortal.

Competencia - En el contexto de las aves de corral, es un evento con un jurado en el que las aves compiten entre sí para determinar el grado con que se apegan a los estándares reconocidos de la raza.

Cresta - Brote de piel arriba de la cabeza de un pollo, que junto con las carúnculas y el pico son usadas por el ave para regular su temperatura corporal. Los pollos sedosos tienen una cresta aplastada que parece una verruga.

Criadero - Instalación comercial que existe para empollar y vender polluelos u otros tipos de aves de corral y aves en general.

Criadora - Es un receptáculo con calefacción que se usar para emular la calidez que una mamá gallina le da a sus polluelos. A menudo denominamos como zona de crianza al lugar que usarán para criar a tus pollitos durante las primeras 4-6 semanas. La zona de crianza generalmente es un área bien recubierta con una lámpara de calefacción, alimento y agua.

Dormidero - Poste elevado en el que los pollos duermen de noche, también conocido como percha.

Empolvado - Se refiere al hábito del pollo de tomar "baños de tierra" para limpiar sus plumas y repeler los parásitos.

Enfermedad de Marek - Enfermedad infecciosa de las aves de corral provocada por un virus de herpes que ataca los nervios, provoca parálisis, y resulta en la formación generalizada de tumores.

Estándar - Un estándar de raza es un acuerdo con respecto a la descripción de las características que debe tener un ave para ser considera en ejemplo ideal de su raza.

Gallinero - Cualquier estructura diseñada con el propósito de albergar pollos. Un gallinero puede o no puede tener un corral o patio adjunto.

Gallo - Gallo o pollo macho.

Gallo joven - Gallito o pollo macho menor de un año de edad.

Grandes Hoces - Plumas puntiagudas de la cola presentes en un gallo.

Incubación Natural - Proceso mediante el cual los huevos fertilizados son incubados por una gallina.

Iniciación o Alimento de Iniciación - Alimento con una concentración alta de proteína especialmente formulado para pollitos recién nacidos.

Lecho - Cualquier material esparcido en el piso de un gallinero. Los materiales que se usan más comúnmente como lecho son la paja, diversos tipos de heno y pastos, así como virutas o astillas de madera.

Libertad Limitada - Es una de las maneras básicas para tener pollos, en la que las aves están confinadas en un zona protegida, pero tienen el espacio adecuado para moverse en un corral con el fin de buscar alimento.

Maduración - Tiempo necesario para el bebé de cualquier especie crezca y se convierta en adulto.

Micoplasma - Microorganismo patógeno, parásito que carece de pared celular y por lo tanto no se ve afectado por los antibióticos comunes.

Micotoxinas - Sustancia tóxica producida por el crecimiento de un hongo.

Muda - Proceso mediante el cual un pollo elimina y vuelve a hacer crecer sus plumas principales.

Nidada - Término que se refiere a un grupo de huevos que se van a empollar en un nido o en una incubadora. Se puede usar para referirse a cualquier grupo de huevos puestos por una gallina.

Nido - Área elegida por una gallina para poner huevos .

Omnívoro - Animal o persona que consume alimentos tanto de origen animal como vegetal.

Orden de Picoteo - Se refiere a la estructura social jerárquica de una bandada de pollos, la cual determina niveles de agresión desde el pollo alfa hacia abajo.

Pañales - Ropa sanitaria que se usa para atrapar la orina y las heces. Se usan en bebés humanos y en animales como los pollos que no pueden ser domesticados o entrenados con éxito.

Penacho - En el caso de las aves con penacho, es un conjunto grande de plumas situadas arriba de la cabeza.

Pata - Parte de la pata de un pollo entre los dedos y la primera articulación de la pierna.

Percha - Poste elevado en el que los pollos duermen de noche, también conocido como dormidero.

Pico - Estructura dura que compone la nariz y la boca de un pollo. Está curvada ligeramente y se estrecha hasta un punto definido.

Plumaje - Plumas de las aves.

Plumas de la Rabadilla - Plumas en el lomo del pollo que apuntan hacia la parte trasera.

Plumas del pescuezo - Plumas en punta del pescuezo de un gallo.

Plumón - En los polluelos recién salidos del cascarón, son las plumas suaves que dan la sensación de ser piel. En las aves adultas, el plumón se encuentra debajo de las plumas principales, usualmente cerca de la parte inferior o debajo de las aves del ave. Las plumas de los Pollos sedosos son así debido a su falta de barbillas, y se parecen mucho al plumón.

Polla - Gallina hembra menor a un año de edad.

Pollitos Sin Separar - Grupo de polluelos recién salidos del cascarón que no han sido separados por sexo.

Postura - Cuando una gallina incuba sus huevos se dice que esta "sentada" o en "postura".

Salmonela - Bacteria que se produce en el intestino y provoca un malestar gastrointestinal comúnmente denominado como "intoxicación alimenticia".

Separación por sexo - Organizar los pollitos jóvenes por género, un proceso virtualmente imposible en los Pollitos sedosos hasta que tienen 8 a 9 meses de edad.

Silkie Club of Great Britain – Grupo oficial que establece los estándares de raza para pollos sedosos en el Reino Unido.

Tractor - En referencia a los pollos, un "tractor" es un gallinero móvil.

Vela - Método utilizado para examinar un huevo intacto para determinar si fue fertilizado.

Obras Citadas

AmericanSilkieBantamClub.org

Anderson, M. *The Backyard Chickens Breed Guide*. Edición para Kindle. 2013.

BackYardChickens.com

Damerow, Gail. *Storey's Guide to Raising Chickens: Care, Feeding, Facilities*. Tercera edición. North Adams, MA: Storey Publishing, 2010.

Heinrichs, Christine. *How to Raise Poultry*. Voyageur Press. Edición para Kindle. 2009.

Jeffreys, Mel. *A Beginners Guide to Keeping Backyard Chickens: Breed Guide, Chicken Tractors & Coops, Hatching & Raising Chicks, Plus More*. Edición para Kindle. 2013.

MyPetChicken.com

Percy, Pam. *Field Guide to Chickens*. Voyageur Press, 2006.

Ruppenthal, R.J. *Best Chicken Breeds: 12 Types of Hens That Lay Lots of Eggs, Make Good Pets, and Fit in Small Yards*. Edición para Kindle. 2012.

Ruppenthal, R.J. *Backyard Chickens for Beginners*. Edición para Kindle. 2012.

The Silkie Club of Great Britain at www.thesilkieclub.co.uk

Willis, Kimberley and Rob Ludlow. *Raising Chickens For Dummies*. Hoboken, NJ: Wiley Publishing, Inc., 2009.

www.ingramcontent.com/pod-product-compliance
Lightning Source LLC
Chambersburg PA
CBHW070541080426
42453CB00029B/793